研发部门

看图看板管理与问答

（实战精华版）

李辉◎主编

要点分析　看板展示　问题解答

三大板块

184幅
不同样式的要点分析图

61个
不同类型的看板

51个
精确的问题解答

廣東省出版集團
广东经济出版社
·广州·

图书在版编目（CIP）数据

研发部门看图看板管理与问答. 实战精华版 / 李辉主编. —广州：广东经济出版社，2013.4
（看图看板系列. 制造业）
ISBN 978-7-5454-2174-3

Ⅰ. ①研… Ⅱ. ①李… Ⅲ. ①企业管理—产品开发 Ⅳ. ①F273.2

中国版本图书馆 CIP 数据核字（2013）第 041653 号

出版发行	广东经济出版社（广州市环市东路水荫路 11 号 11～12 楼）
经销	全国新华书店
印刷	惠州报业传媒印务有限公司（惠州市江北文华 1 路惠州日报社）
开本	889 毫米×1194 毫米 1/32
印张	7.5
字数	186 000 字
版次	2013 年 4 月第 1 版
印次	2013 年 4 月第 1 次
印数	1～5 000 册
书号	ISBN 978-7-5454-2174-3
定价	19.00 元

如发现印装质量问题，影响阅读，请与承印厂联系调换。
发行部地址：广州市环市东路水荫路 11 号 11 楼
电话：（020）38306055 38306107 邮政编码：510075
邮购地址：广州市环市东路水荫路 11 号 11 楼
电话：（020）37601950 营销网址：**http://www.gebook.com**
广东经济出版社新浪官方微博：**http://e.weibo.com/gebook**
广东经济出版社常年法律顾问：何剑桥律师

前　言

《看图看板系列丛书》分为制造业看图看板系列和服务业看图看板系列两大部分。

制造业看图看板系列部分包括企业管理的核心部分：生产班组、生产现场、仓库现场、生产物料、生产安全、机器设备、采购部门、外协加工、7S运作、QC手法、员工行为、成本控制、品质部门、行政部门、研发部门、销售部门16个管理现场方面；服务业看图看板系列部分包括：酒店前厅服务、酒店客房服务、餐厅楼面、超市卖场、物业公司、汽车美容店、汽车4S店、家政服务8个管理现场方面。

《看图看板系列丛书》有五大特色。

◇特色一：该系列丛书分为三大板块，即要点分析、看板展示和问题解答。第一大板块"要点分析"以不同形式的图形介绍了管理人员在日常工作中必须了解并掌握的关键要点；第二大板块"看板展示"则通过各类实景照片、流程图、漫画图、指示图、业绩图、统计图、线描图、进度图等直观地展示工作场景，使工作场景醒目化、可视化；第三大板块"问题解答"主要介绍了一些重点注意事项，是全书主要内容的重要补充。

◇特色二：该系列丛书最大的亮点是图文并茂，用浅显的语言加上生动的图片，将管理方法、操作技巧形象地讲解出来，使读者读起来很轻松，不会产生视觉疲劳，而且容易掌握各种管理方法。同时，该系列丛书注重于实践过程中的实际操作要领，因而具有很

第一章　新产品开发管理

规划是新产品开发设计的第一步，只有对市场需求、技术发展、生产能力、经济效益等进行可行性研究及必要的先行试验后，才能确定进一步的设计任务。

第二章　现场工艺管理

现场工艺管理是保证现场工艺水平和生产质量必不可少的工作，研发部门应与生产部门做好现场协调工作。

第三章　产品工艺管理

产品工艺管理涉及产品的各个方面。只有做好了产品工艺管理，才能保障产品的工艺水平。

第四章　材料与工时定额管理

对研发部门来说，良好的定额管理能够确定产品生产，明确必要的材料和工时，以便生产任务顺利开展。

第六章 工艺文档管理

研发部门的各类文档非常多，如各类制度、表格、文件等。研发部门应加强对这些文档的管理工作，确保各类文档完好无损。

导读

研发部门简单讲

本书导读部分分为三大板块。“术语解析”对一些关键术语进行精确讲解。“管理范畴”节选各章要点方便读者了解全章结构。“模块设置”则介绍了本书三大模块，即要点分析、看板展示和问题解答。

导读一　术语解析

术语01：新产品开发

新产品开发是指从研究选择适应市场需要的产品开始到产品设计、工艺制造设计，直到投人正常生产的一系列决策过程。从广义而言，新产品开发既包括新产品的研制也包括原有老产品的改进与换代。新产品开发是企业研究与开发的重点内容，也是企业生存和发展的战略核心之一。

术语02：市场调研

市场调研是指为了提高新产品开发效率，保障开发质量，而系统地、客观地收集市场信息的工作。市场调研的方法很多，如发放调查问卷等。

术语03：新产品立项

新产品立项是指经过市场调研等一系列工作后，企业决定正式开始新产品的生产，并进行确认的行为。

术语04：样品试制

样品试制是指新产品在完成设计与工艺准备之后、正式投产之前进行的试制生产。目的在于验证新产品的设计能否达到预期的质量和效果。可分为样品试制和小批量试制两种。

术语05：工艺纪律

工艺纪律包括的内容很广泛，从现场作业系统来说，主要是指必要的工艺管理规章制度、工艺责任制、文明生产、工艺纪律教育等内容。

术语06：定置管理

定置管理是对生产现场物品的定置过程进行设计、组织、实施调整，并使生产现场的管理达到科学化和规范化活动的全过程。

术语07：工序

工序是完成产品加工的基本单元，在生产过程中按其性质和特点，可分为工艺工序、检验工序、运输工序等。

术语08：工序质量控制点

工序质量控制点是指生产现场在一定的条件下，需要重点控制的质量特性、关键部位、薄弱环节以及影响因素等。

术语09：工艺标准

工艺标准是为了使产品在生产过程中能够切实保证产品的质量，同时又能提高效率、降低消耗，并制定的标准化措施。

术语10：产品结构工艺性审查

产品结构工艺性审查是指工艺人员对产品和零部件的结构工艺性分阶段进行分析与评价，进而作全面检查，并提出意见或建议，最后进行修改与签字。

术语22：工艺文件

工艺文件是根据产品的设计文件，结合本企业的实际情况编制而成的。它是企业进行生产准备、原材料供应、计划管理、生产调度、劳动力调配、工艺模具管理的主要依据，是企业加工生产、检验的技术指导。

导读二　管理范畴

范畴01：新产品开发管理

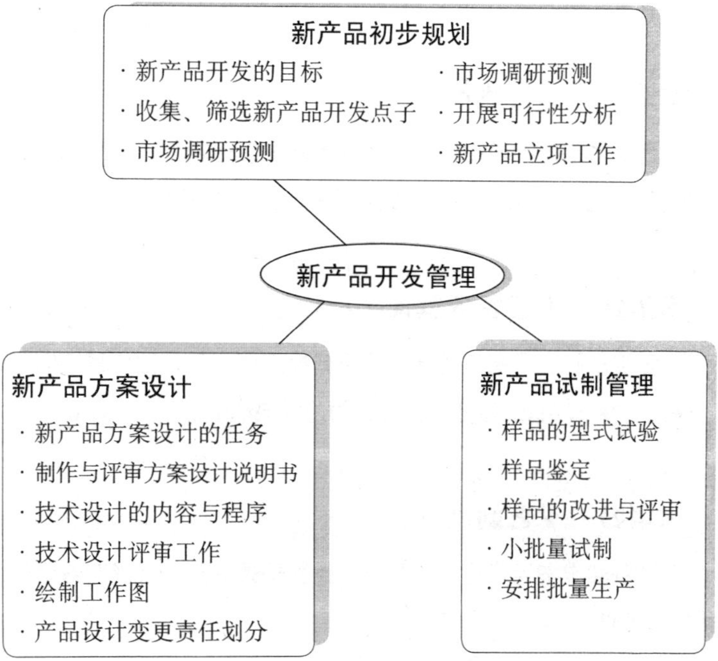

范畴02：现场工艺管理

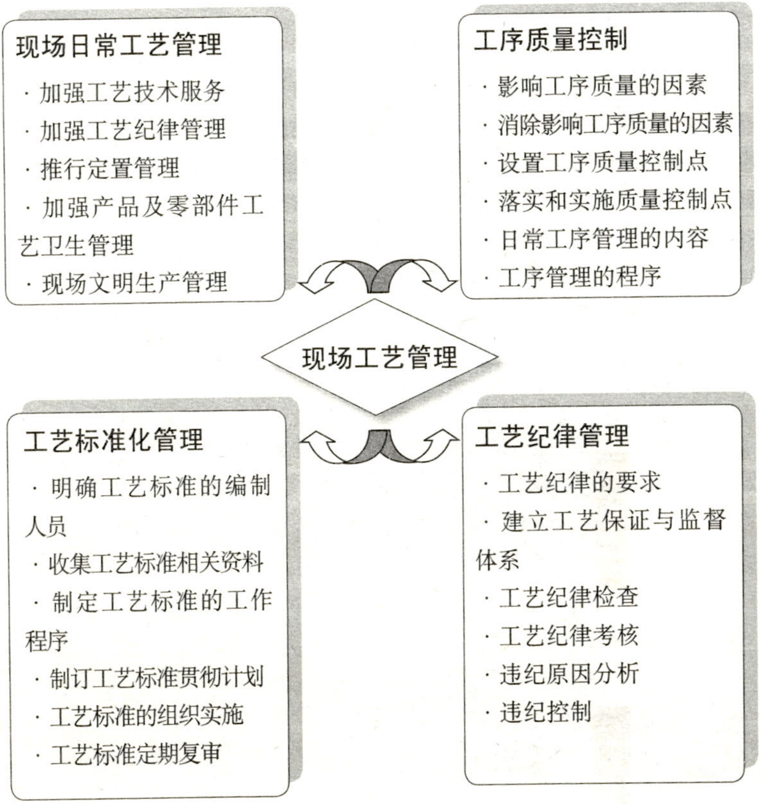
现场日常工艺管理
· 加强工艺技术服务
· 加强工艺纪律管理
· 推行定置管理
· 加强产品及零部件工艺卫生管理
· 现场文明生产管理
工序质量控制
· 影响工序质量的因素
· 消除影响工序质量的因素
· 设置工序质量控制点
· 落实和实施质量控制点
· 日常工序管理的内容
· 工序管理的程序
现场工艺管理
工艺标准化管理
· 明确工艺标准的编制人员
· 收集工艺标准相关资料
· 制定工艺标准的工作程序
· 制订工艺标准贯彻计划
· 工艺标准的组织实施
· 工艺标准定期复审
工艺纪律管理
· 工艺纪律的要求
· 建立工艺保证与监督体系
· 工艺纪律检查
· 工艺纪律考核
· 违纪原因分析
· 违纪控制

范畴03：产品工艺管理

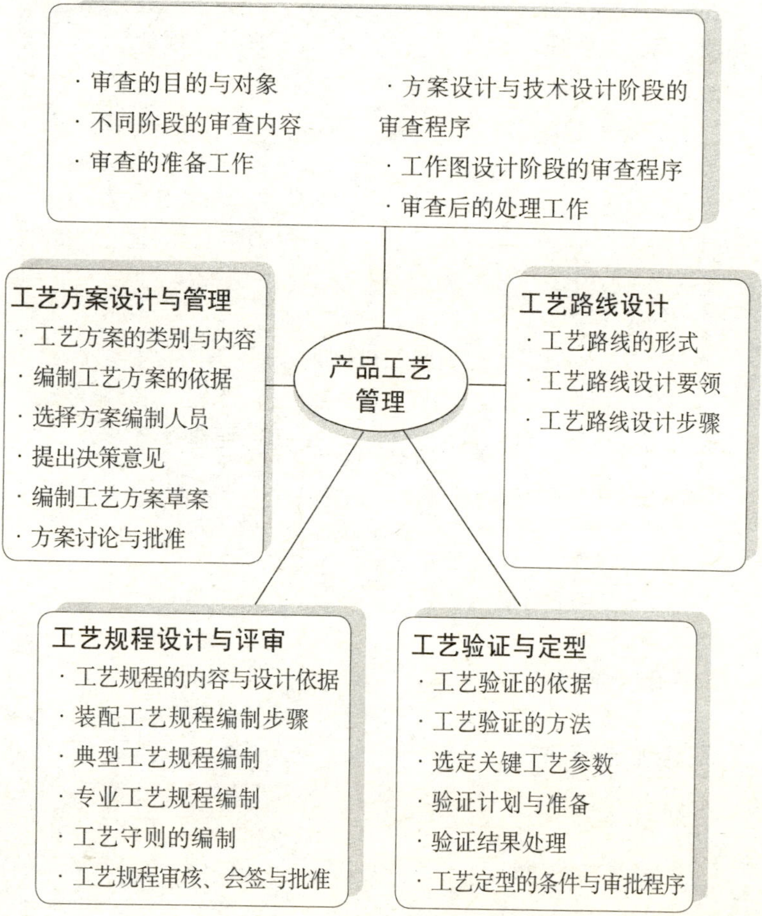
·审查的目的与对象
·不同阶段的审查内容
·审查的准备工作
·方案设计与技术设计阶段的审查程序
·工作图设计阶段的审查程序
·审查后的处理工作
工艺方案设计与管理
·工艺方案的类别与内容
·编制工艺方案的依据
·选择方案编制人员
·提出决策意见
·编制工艺方案草案
·方案讨论与批准
产品工艺管理
工艺路线设计
·工艺路线的形式
·工艺路线设计要领
·工艺路线设计步骤
工艺规程设计与评审
·工艺规程的内容与设计依据
·装配工艺规程编制步骤
·典型工艺规程编制
·专业工艺规程编制
·工艺守则的编制
·工艺规程审核、会签与批准
工艺验证与定型
·工艺验证的依据
·工艺验证的方法
·选定关键工艺参数
·验证计划与准备
·验证结果处理
·工艺定型的条件与审批程序

范畴04：材料与工时定额管理

材料与工时定额管理

材料定额管理

· 材料消耗定额的类别与制订方法
· 主要原材料消耗定额
· 辅助材料消耗定额
· 燃料消耗定额
· 材料消耗定额验证

工时定额管理

· 定额时间与非定额时间
· 工时定额标准的类别
· 工时定额方法
· 工时定额验证
· 工时定额的执行与修改
· 计算机工时定额管理系统的特点

范畴05：工艺装备管理

工艺装备管理

工艺装备选择与设计

· 工艺装备的类别
· 工艺装备的选择依据与要点
· 工艺装备的设计依据
· 制订工艺装备设计方案
· 绘制工艺装备装配图
· 工艺装备修改

工艺装备验证

· 工艺装备验证的目的与依据
· 验证工艺装备与工件的关系
· 验证工艺装备与工艺的关系
· 验证工艺装备与产品产量的关系
· 固定场地验证和现场验证
· 重点验证、一般验证和简单验证

工艺装备日常管理

· 工艺装备入库管理
· 建立、健全工艺装备领用制度
· 工艺装备的保管
· 工艺装备使用过程中的管理
· 工艺装备的修理与报废管理
· 停产产品工艺装备的管理

范畴06：工艺文档管理

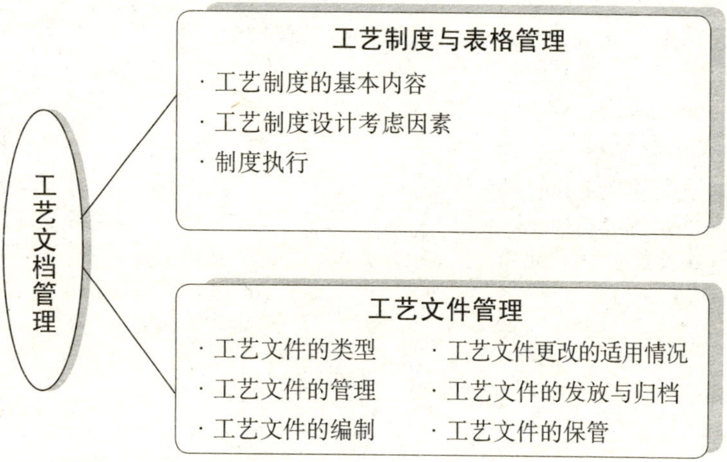

导读三　模块设置

模块01：要点分析

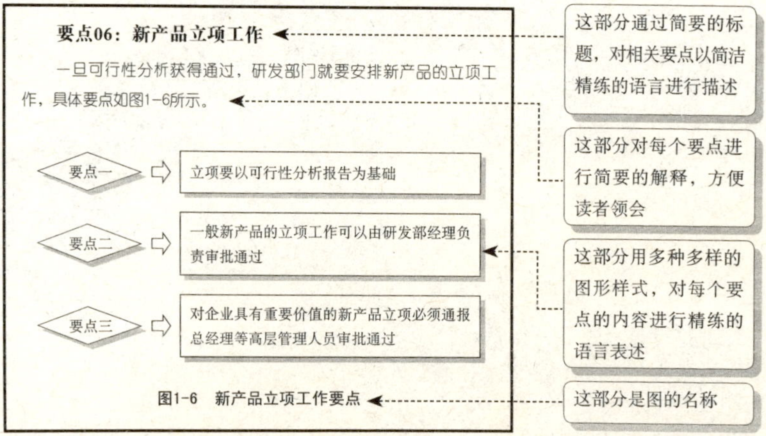

模块02：看板展示

这部分是看板的简要标题，将看板的基本主体简要地叙述出来

看板02：样品试制阶段的工艺验证流程

这部分通过各类实物图、流程图等，以最直观的方式向读者展示看板的内容

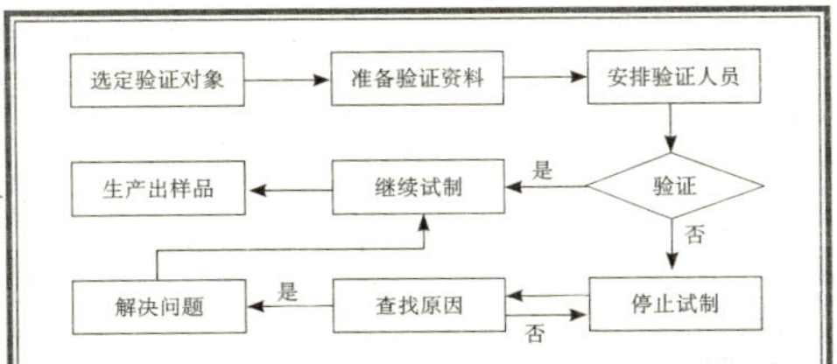

这部分对看板进行简要的解释，方便读者掌握看板内容

在样品试制阶段进行工艺验证的目的在于确保试制出的样品符合企业要求和相关标准。

模块03：问题解答

问题01：工艺守则由哪些部分构成

每个问题都是一个知识点，是对要点必要的补充

工艺守则一般由以下各部分构成：

（1）适用范围。

（2）材料及配方。

（3）加工时所需设备及工艺装备。

（4）操作前应做的准备工作。

（5）应遵守的操作方法和顺序以及给定的工艺参数，必要时配以图表。

（6）质量检验标准及检验方法。

（7）技术安全与注意事项。

这部分以整齐的顺序对每个问题进行简要而精确的解答

第一章 新产品开发管理

规划是新产品开发设计的第一步，只有对市场需求、技术发展、生产能力、经济效益等进行可行性研究及必要的先行试验后，才能确定进一步的设计任务。

第一节 新产品初步规划

要点分析

要点01：新产品开发的目标

在决定进行新产品开发时，应该先弄清企业对于产品线所抱持的目标，如有些目标是打算通过新产品来达成或满足的，有些可能纯粹是财务上的目标，而有些则与特定的策略动机有关等。新产品开发的目标如图1-1所示。

目标一	向新市场探路（如一个不同的产品区隔、一个正在成长的客户等）
目标二	保持市场占有率，提高企业核心竞争力
目标三	为企业塑造出“提供全方位解决方案”的市场定位
目标四	有效利用生产线，将产能利用率提升到满载，减少浪费
目标五	通过新产品的开发，提高企业的技术水平

图1-1　新产品开发的目标

要点02：收集新产品开发点子

产品的开发设计意向一般是由市场部先根据市场需求或客户的要求进行确定，从而形成各种产品点子。但是，研发经理需要配合进行，所以要注意收集各种不同来源（企业内部与外部）的点子。其收集方式如图1–2所示。

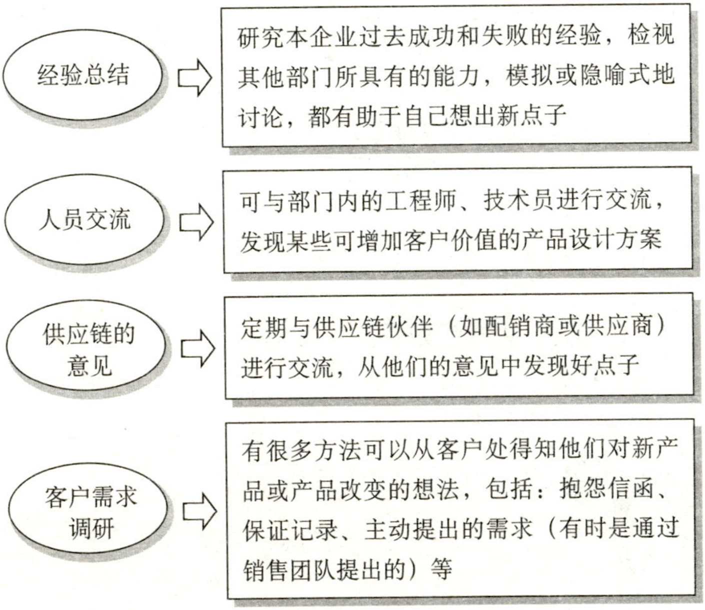

图1-2　产品点子收集的方式

要点03：对点子进行筛选

企业在产品策划阶段可能会收集比较多的点子。企业必须要把好的点子留下来，因而必须要掌握筛选产品点子的重要条件，根据该条件筛选出最合适的点子，具体条件如图1–3所示。

条件一 ⇨ 为客户提供了独特的利益

条件二 ⇨ 相对于竞争者，拥有具体的优势

条件三 ⇨ 符合企业的策略性计划和方向

条件四 ⇨ 可以大量生产，或只需要很短的生产周期

条件五 ⇨ 提供了起码的投资报酬率，具有可以接受的还本期

图1-3　对点子进行筛选的条件

要点04：市场调研预测

市场调研预测主要从销售需求进行预测，虽然主要由市场部进行，但为了设计好产品，研发经理也要掌握相关的技巧，以使开发出的产品具有市场竞争力。具体内容如图1-4所示。

市场潜力 ⇨
· 针对同一类产品中的任何品项（包括自己与竞争者的产品）的潜在销售预估
· 可综合类似产品的市场占有率、销售人员提供的数量预估、供应商的参考意见等进行预测

成长率 ⇨
· 对产品目前及未来的预估成长，可以用目前相对于往年的增加率来估算，但必须考虑科技、经济环境等因素的影响
· 可以考虑征询专家（公司内部与外部）的意见，进一步扩充自己的资料来源

销售潜力 ⇨ 调查客户对产品的认知程度及购买意愿，可根据不同购买意愿的客户乘以潜在市场占有率，所得就是对这项新产品销售潜力的一般性预估

市场摩擦 ⇨
- 即某些来自企业外部并可能妨碍销售的因素，如竞争对手的反击
- 对各种市场摩擦所造成的潜在影响应逐一加以估计，并以此对新产品的成功机会进行更实际的评估
- 提供客户有关“新产品价值”的教育投资、往有利于新产品推广的方向发展，能减少市场摩擦对新产品推出的负面影响

图1-4　市场调研预测的内容

要点05：开展可行性分析

可行性分析必须建立在收集完所有的相关资料和进行初步筛选的基础上，并进行论证。在进行分析后，必须制作成新产品可行性分析报告，以供上级进行最终审核。具体如图1-5所示。

论证一 ⇨ 论证该产品的技术发展方向和动向

论证二 ⇨ 论证市场动态及发展该产品所具备的技术优势

论证三 ⇨ 论证该产品发展所具备的资源条件和可行性（含物资、设备、能源、外购外协配套设备等）

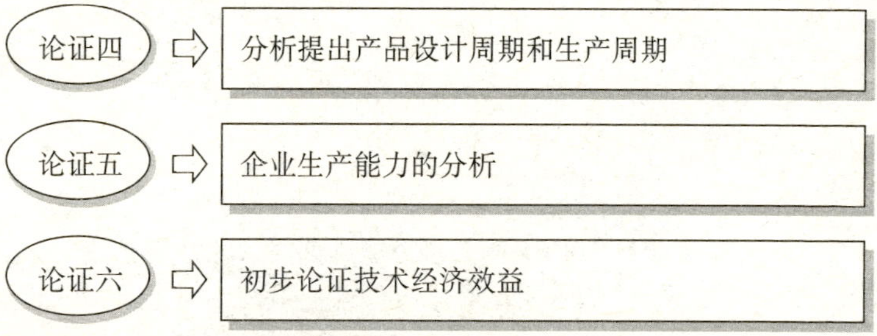

图1-5　开展可行性分析论证

要点06：新产品立项工作

一旦可行性分析获得通过，研发部门就要安排新产品的立项工作，具体要点如图1-6所示。

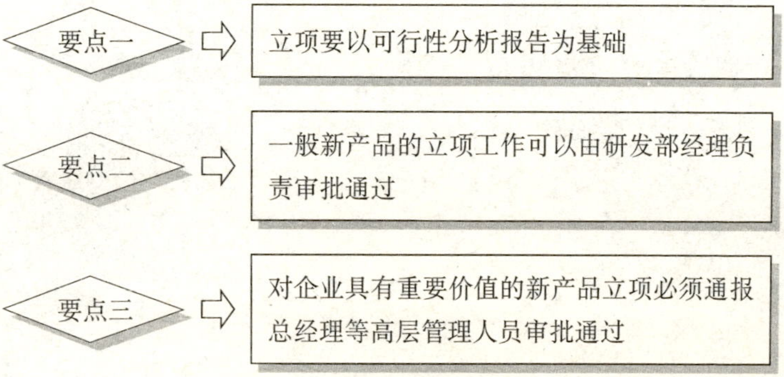

图1-6　新产品立项工作要点

看板展示

看板01：新产品立项基本流程

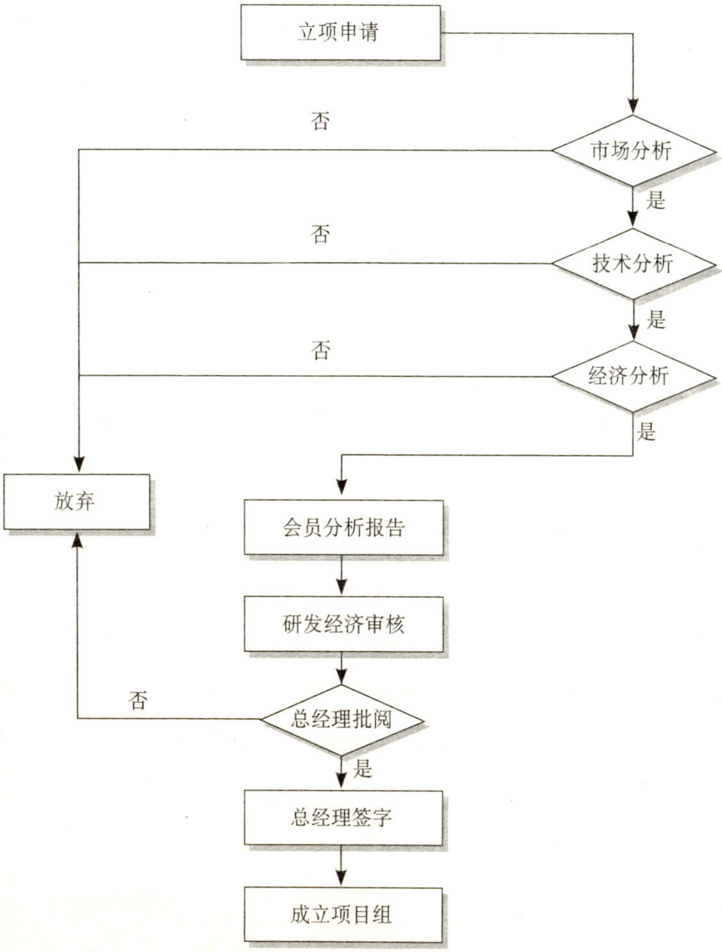

要开展新产品的生产工作，首先要进行立项。

（1）竞争者提供的产品种类是否多于本企业。

（2）竞争者所提供的产品有什么特点。

（3）与本企业的各种单项产品相比，竞争者提供的产品是否有显著的特性或功能。

问题02：收集新点子有哪些注意事项

收集新点子的注意事项具体如下：

（1）创建出一个持续有点子流入的畅通渠道，应时时都能有“正在进行、分别处于不同开发阶段”的产品。

（2）确认是否能达成公司的成长目标。

（3）该点子是否符合企业的具体情况。

问题03：市场调研预测应考虑哪些因素

市场调研预测应考虑以下因素：

（1）这项产品的整体市场潜力有多大？

（2）可以用什么方法在其中占一席之地？

（3）有哪些购买者或竞争者的行为，可能会限制或增进这项产品的销售？

（4）这是否为一项全球最新的产品，或者只是针对一个成熟的市场引入的一项新产品？

（5）相对于类似的产品，产品预估的寿命有多长？

第二节 新产品方案设计

要点分析

要点01：新产品方案设计的任务

在新产品的立项确认后，研发部就要进行具体的方案设计工作。方案设计就是对新产品的总体设计提出一个总体构思方案，以便进行相关工作的安排。具体的设计任务如图1-7所示。

任务一	确定产品的原理、结构、布局和系统配置
任务二	提出产品性能、精度和寿命方面的总体性质量指标
任务三	产品外观及装饰要求等
任务四	产品技术质量水平分析（必要时）
任务五	应用方面的先行试验（必要时）

图1-7　新产品方案设计的任务

要点02：制作方案设计说明书

方案设计的结果应以设计说明书（又叫技术任务书、技术建议

要点04：技术设计的内容

技术设计是为了完成产品的主要计算和主要零部件的设计。技术设计的内容如图1-10所示。

内容一	绘制总图
内容二	绘制产品部件结构图
内容三	绘制重要零件图
内容四	技术设计说明书（必要时编制），其内容包括技术设计的依据，有关性能指标、结构、原理变更情况的说明
内容五	提出特殊外购件和特殊材料等

图1-10　技术设计的内容

要点05：技术设计的步骤

技术设计工作由研发部人员完成，具体设计步骤如图1-11所示。

步骤一	完成设计过程中必需的试验和研究，并写出研究、试验大纲和报告
步骤二	作出产品设计计算书（如对运动、刚度、强度、振动、热变形、电路、液气路、能量转换率等方面的计算、核算）

步骤三 ⇨ 画出产品总体尺寸图、产品主要零部件图并校准

步骤四 ⇨ 运用价值工程，对产品中造价高的、结构复杂的、体积笨重的、数量多的主要零部件的结构、材质精度等选择方案进行成本与功能关系的分析，并编制技术经济分析报告

步骤五 ⇨ 绘出各种系统原理图（如传动、电路、液气路、连锁保护等系统）

步骤六 ⇨ 提出特殊元器件、外购件、材料清单

步骤七 ⇨ 对方案设计说明书的某些内容进行审查和修正

步骤八 ⇨ 对产品进行可靠性、可维修性分析

图1-11　技术设计的步骤

要点06：技术设计评审工作

技术设计评审是对产品总图、部件结构图、重要零件图及分析计算书等的评审。评审的依据是方案设计说明书的基本要求。通过技术评审，看技术设计的结果能否实现这些要求。技术设计评审工作的内容如图1-12所示。

内容一 ⇨ 评审人员应由研发经理、研发工程师等专业人员组成，以切实保障技术评审结果的可靠性

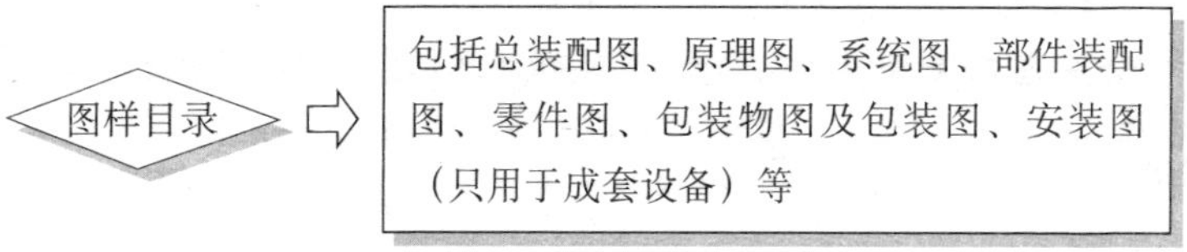

图1-15　编写文件目录和图样目录的内容

要点10：产品设计变更责任划分

各部门（研发部除外）基于作业改善、品质提高或成本降低等原因，欲变更设计时，得向研发部申请设计变更。设计变更责任划分的要点如图1–16所示。

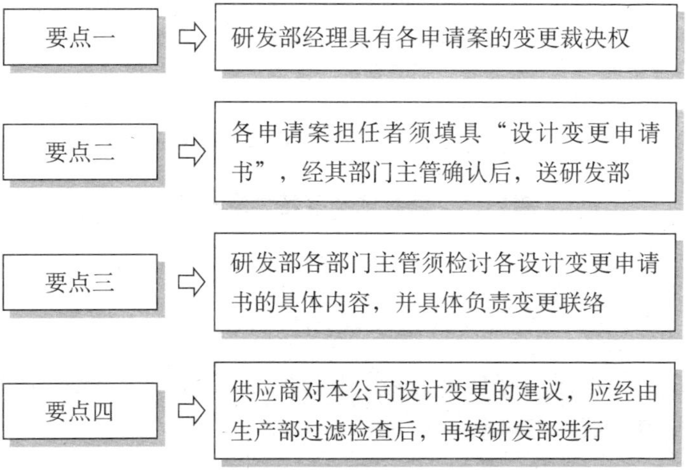

图1-16　产品设计变更责任划分要点

看板展示

看板01：新产品设计流程

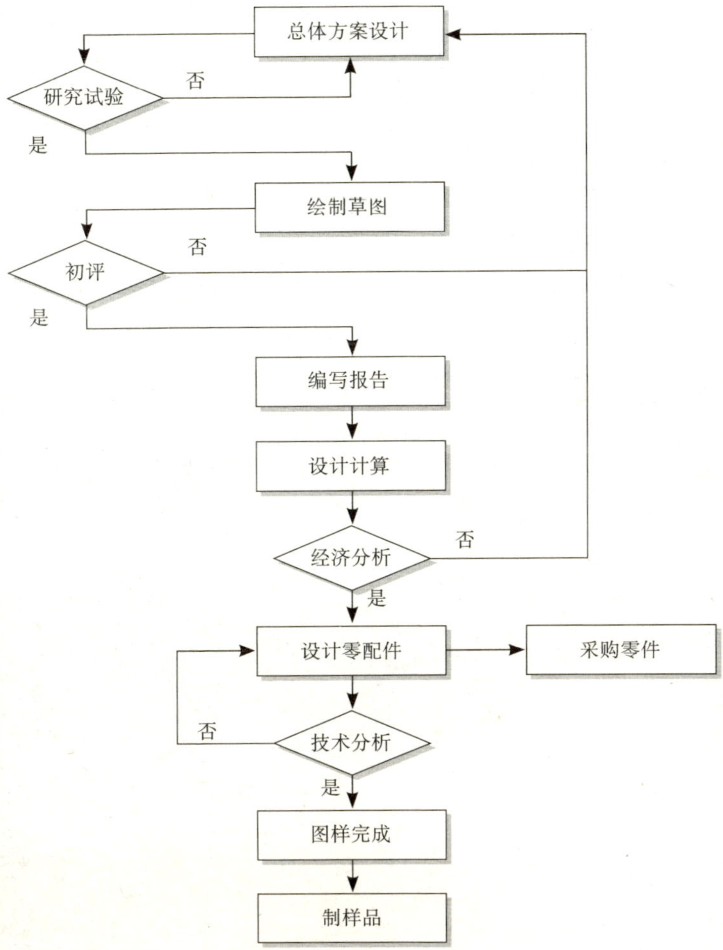

新产品的开发需按照一定的流程进行。

看板02：新产品开发作业流程

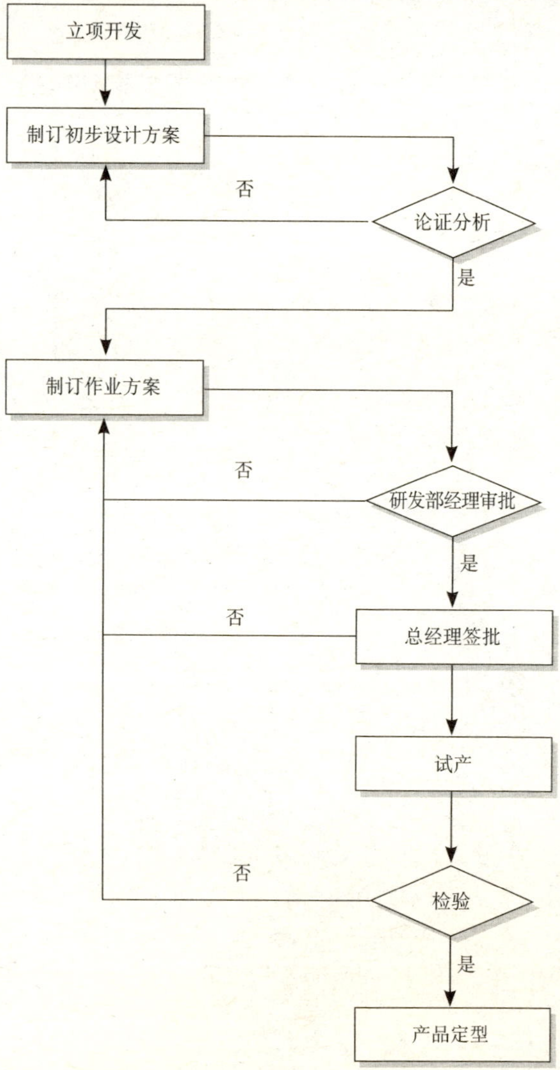

新产品获得立项通过后，就可以制订设计方案，进行开发作业。

看板03：新产品图纸设计作业流程

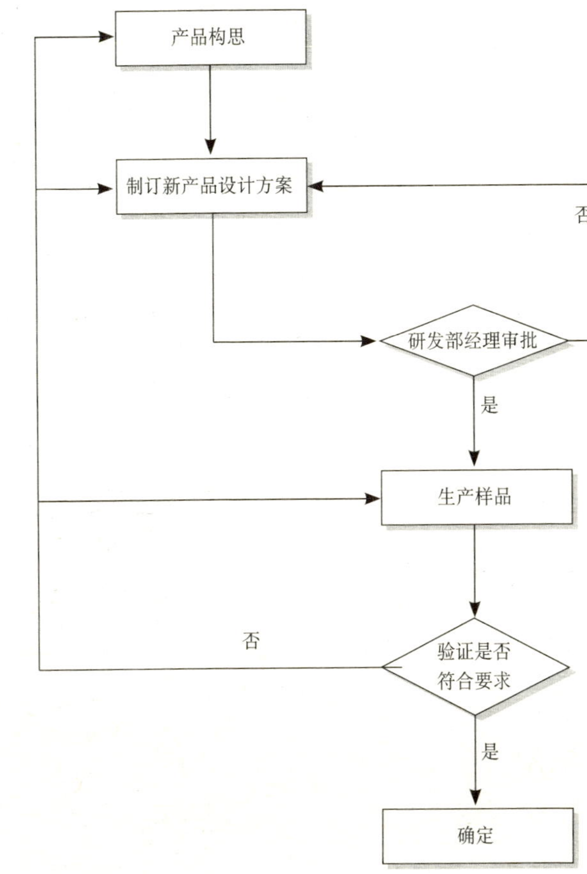

图纸是生产工作最直观的指导文件。

看板04：技术引进作业流程

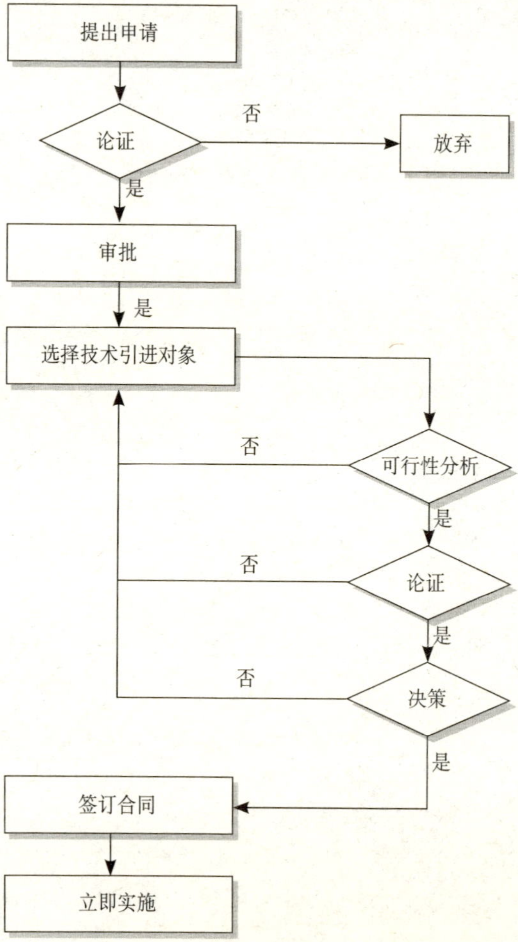

如果企业的技术实力不足，可以从外单位引进生产技术。

看板05：新产品方案设计说明书

新产品方案设计说明书

产品名称：________________ 型号规格：________________

设计周期：________________ 负责人：________________

产品功能：____

____

设计要求：

____

结构描述：____

____

主要工作原理：____

____

标准化要求：____

____

技术分析：____

____

相关方案比较：____

____

需要进行的试验项目：____

____

要点02：样品的型式试验（设计验证）

型式试验是按产品标准或产品技术条件进行的逐项试验。样品一般送品质部或权威检测机构进行型式试验，试验后出具型式试验报告。

型式试验报告是根据试制鉴定大纲和产品技术条件标准的要求，对样品的各项指标进行全面试验后而编制的文件。型式试验报告一般应由企业品质部提供，对不具备试验条件的项目可委托有关部门进行试验；计量产品必须由计量管理部门或有关专业试验机构提出。型式试验报告的内容及编写程序如图1-18所示。

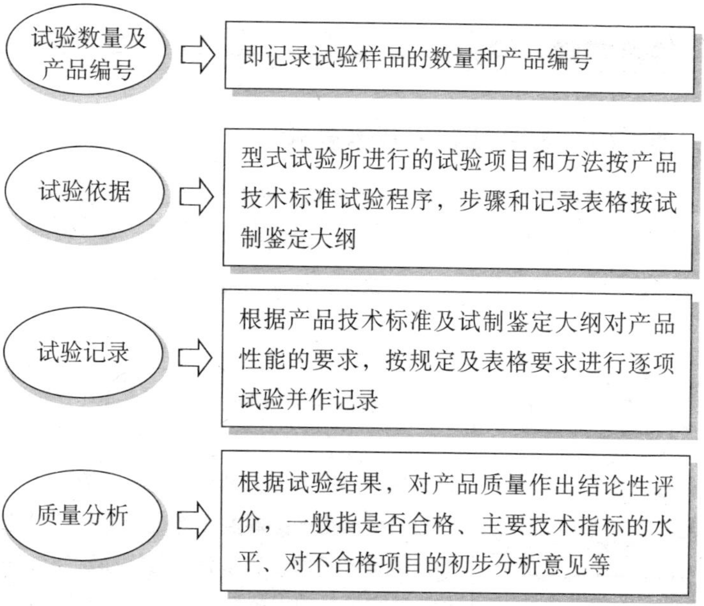

图1-18　样品的型式试验报告内容及编写程序

要点03：样品鉴定责任划分

样品的鉴定工作主要由研发部和品质部共同完成，具体责任划分如图1-19所示。

责任一 ⇨ 研发部自行审核设计图样的合理性、工艺性

责任二 ⇨ 品质部依检验规范鉴定样品的合格性，同时审查新产品设计结构的合理性

责任三 ⇨ 研发部、品质部明确样品应改进的事项，并评价是否可投入小批量试制

责任四 ⇨ 技术副总经理或总工程师对最后鉴定结论作批示

图1-19　样品鉴定责任划分

要点04：样品鉴定内容

样品鉴定的内容如图1-20所示。

内容一 ⇨ 检验产品设计的完整性，包括样品阶段应具备的技术文件及设计图样是否完整、正确、统一，是否符合现行有关标准规定，能否指导生产

内容二 ⇨ 检验样品是否在结构、性能、外观等质量上达到设计任务书或合同规定的要求

目的三 ⇨ 进一步考核设计图样和技术文件的质量是否适合成批量生产的要求

图1-23　小批量试制的目的

要点08：小批量试制准备

小批量试制需要做好相关的准备工作，具体工作内容如图1-24所示。

内容一 ⇨ 小批量试制前，要做好充分的准备工作，包括进行工艺设计，制订制造质量控制计划、工序质量控制计划，编制供批量生产的工艺文件、工序质量控制点文件，完成工装设计与制造

内容二 ⇨ 小批量试制要在正式生产线上进行，要使用设计所要求的各种工装，要采用正常的生产组织和劳动组织

图1-24　小批量试制准备工作内容

要点09：小批量试制操作与总结

准备工作完毕后，就可以开展小批量试制工作，同时也要做好总结，具体内容如图1-25所示。

小批量试制 → 试制过程中，各有关部门要密切配合，及时解决试制中的问题，试制后要编写工艺验证报告

小批量试制总结 → 试制后，要做好小批量试制总结，编写小批量试制总结报告。小批量试制总结报告包括：小批量试制总结、标准化审查报告、用户使用报告

图1-25　小批量试制操作与总结

要点10：小批量试制鉴定条件

小批量试制也需要进行鉴定，以确定其是否适合进行批量生产。小批量试制鉴定条件如图1-26所示。

条件一 → 有一定数量的小批量试制样品

条件二 → 有产品标准（正式标准）或产品技术要求

条件三 → 有产品设计文件、工艺文件、工装文件

条件四 → 就生产中的安全、环保措施提供必要的证据

条件五 → 就检测设备提供必要的证据

图1-26　小批量试制鉴定条件

要点11：小批量试制鉴定内容

小批量试制鉴定内容与样品试制鉴定内容相近，但也有所不同。具体内容如图1-27所示。

- 内容一 ⇨ 批量中样品的质量是否均衡
- 内容二 ⇨ 是否具备批量生产条件，如工艺装备、人员配备是否适合进行批量生产
- 内容三 ⇨ 经过多次批量试制，是否能够稳定生产

图1-27　小批量试制鉴定内容

要点12：安排批量生产

小批量鉴定通过后，就可以安排进行批量生产，进行批量生产时应注意以下事项。如图1-28所示。

- 事项一 ⇨ 密切监视批量生产进度，对生产中出现的质量问题随时进行反馈，并由研发部进行处理
- 事项二 ⇨ 批量生产后应进行试用，以广泛听取意见，进一步发现缺陷，进行改进
- 事项三 ⇨ 研发部应随时与生产部进行沟通，确保生产顺利进行

图1-28　进行批量生产应注意事项

看板展示

看板01：样品试制作业流程

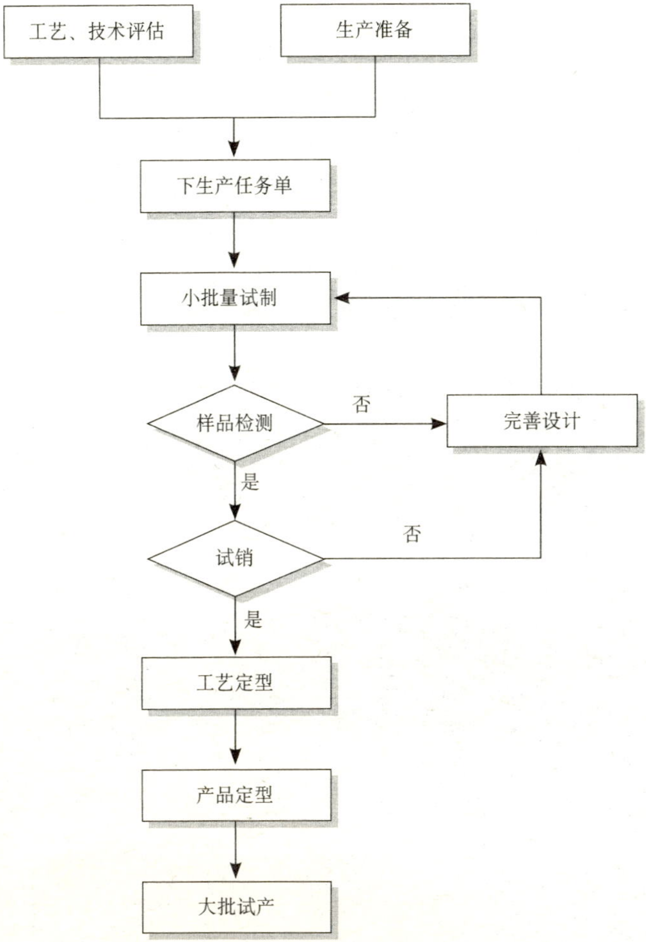

样品试制需要按照一定的流程进行。

看板02：样品试制记录单

样品试制记录单

产品名称：________ 规格型号：________ 产品图号：________

试制部门：________ 试制主题：________________

试制内容：________________________

____

存在的问题及解决措施：________________

____

试制日期：________________ 试制负责人：________________

看板03：样品试制总结报告

样品试制总结报告

产品名称：________ 规格型号：________ 产品图号：________

试制部门：________ 试制总量：________________

试制生产条件总结、工艺总结：________________

____

试制质量总结：________________________

____

试制成本总结：________________________

____

试制总结论：________________________

试制日期：________________ 报告人：________________

问题解答

问题01：样品鉴定的条件有哪些

样品鉴定的条件具体如下：

（1）有一定数量的样品。

（2）有产品标准（草案）或产品技术要求。

（3）有产品设计图样及设计文件。

（4）需提供一些鉴定报告文件（数量可酌情增加或减少），如鉴定大纲、设计工作总结、标准化审查报告等。

问题02：确定试制样品的数量和次数应注意哪些事项

确定试制样品的数量和次数应注意以下事项：

（1）样品的试制不限于一台，试制数量要根据试验考核项目多少、试验方式、产品性质和生产类型等多种因素决定。

（2）对于一些设计结构复杂，对企业生产具有重要作用的产品，要多次试制。

（3）如果生产要求非常急迫，在保证质量的前提下，可适当考虑减少试制次数，以尽快投入生产。

问题03：如何控制样品试制经费

控制样品试制经费的措施具体如下：

（1）新产品的试制经费按单项预算拨发，单列账户实行专款专用。经费由研发部经理审查、总经理批准后，财务部拨发，不准挪作他用。

（2）样品试制应尽量准确，避免重复试制，以减少浪费。

（3）安排熟练的研发人员参与试制，以便向生产人员提供技术指导。

第二章 现场工艺管理

现场工艺管理是保证现场工艺水平和生产质量必不可少的工作，研发部门应与生产部门做好现场协调工作。

第一节 现场日常工艺管理

要点分析

要点01：加强工艺技术服务

研发部门需要为各生产相关部门提供工艺技术服务，具体内容如图2-1所示。

内容一 ⇨ 对员工进行工艺技术培训和技术指导，加强操作人员工艺意识的教育

内容二 ⇨ 保证所提供的工艺文件的齐全、正确和统一；保证工艺装备的质量和可靠性

内容三 ⇨ 各职能部门和辅助部门都应按照技术标准、设计图样和工艺文件的要求，为生产做好准备工作和服务工作

图2-1　加强工艺技术服务内容

要点02：加强工艺纪律管理

工艺纪律包括的内容很广泛，从现场作业系统来说，主要是指必要的工艺管理规章制度、工艺责任制、文明生产、工艺纪律教育等内容，具体管理要点如图2-2所示。

要点一 ⇨ 制定工艺纪律相关制度，使工艺纪律能够切实地贯彻到现场作业系统的每一个工作人员

要点二 ⇨ 加强作业操作人员、作业管理人员的工艺意识的培训和考核

要点三 ⇨ 经常开展执行工艺纪律情况的检查，并将检查结果纳入岗位责任制考核之中

图2-2　加强工艺纪律管理要点

要点03：推行定置管理

定置管理是对生产现场物品的定置过程进行设计、组织、实施调整并使生产现场的管理达到科学化和规范化活动的全过程，定置管理由生产部门负责，研发部门辅助，具体要点如图2-3所示。

要点一 ⇨ 研发部门根据相关工艺设计要求，向生产部门提供定置意见

要点二 ⇨ 研发部门对生产部门确定的定置结果进行检查，以确定其不影响正常生产

要点三 ⇨ 在检查中发现的问题，研发部门要及时提出，并做好改进

图2-3　推行定置管理要点

要点04：加强产品及零部件工艺卫生管理

产品及零部件的工艺卫生，即它们在制造时的清洁卫生程度。这涉及物料搬运、文明生产、工艺纪律、零部件制造及装配过程中的保洁措施。产品及零部件的清洁度是以从产品及零部件内清洗下来的脏物重量多少来衡量的。应对不同产品的清洁度都规定了具体的标准，作为考核的依据。清洁度的检查方法如图2-4所示。

方法一 ⇨ 一般产品直接从入库产品中抽检，大型或重型产品从总装车间抽查已完工的关键部件

方法二 ⇨ 将产品可检部分全部分解，关键部件及其他零部件，在清洗液中仔细刷洗，然后过滤、烘干、称重、记录

方法三 ⇨ 各零部件脏物的毫克数，即为其清洁度，各零部件清洁度的总和为产品的清洁度

图2-4　清洁度的检查方法

要点05：现场文明生产管理

现场文明生产管理的内容如图2-5所示。

精神文明 ⇨ 员工在生产活动中，应当互相尊重，紧密合作，讲文明，懂礼貌，创造良好的生产环境和秩序

环境文明	是指生产现场干净、整齐、安全、舒畅。做到无杂物、垃圾；无铁屑、油迹；无尘毒、污染；无烟头、痰迹等。员工保持服装整齐清洁，养成良好的卫生习惯
操作文明	零件在加工和装配过程中，严格按操作规程进行，严禁野蛮加工和野蛮装配。对于不文明操作应当严格按责任制进行惩罚
储运文明	生产过程中零部件运转时，应当采用各种适用的工位器具和运输工具，防止零件在运输中磕碰，对乱扔、乱放、野蛮装卸行为要严加制止

图2-5　现场文明生产管理的内容

看板展示

看板01：清洁工艺守则

清洁工艺守则

1. 为了保证产品的清洁度，零部位在装配前应进行清洗。
2. 关键零部件应放置在专用工位器具内，避免磕碰划伤。
3. 要注意清洁装配，避免因野蛮装配而影响清洁度，转入下道工序前应认真检查清洁度。
4. 轴承、液压元件等必须保持清洁，应清洗后再装配。

清洁工艺守则

5. 凡是配作部位，在配作后应将铁屑及杂物清除干净。

6. 凡需空运转试车的部件，所采用的润滑油应符合工艺规定的标准。空运转试车后，将试车油放净，箱内各零件表面不得有脏物、油污等。

7. 为保持空运转试车后的部件清洁，可以加清洗液进行空运转清洗，然后再把清洗液放净。

8. 部件喷漆前应先清洗，表面干净后才能进行喷漆。

看板02：文明生产标语

通过标语，向员工宣传企业的生产方针。

问题解答

问题01：现场工艺管理有哪些注意事项

现场工艺管理的注意事项具体如下：

（1）凡交付生产的结构材料、工艺原料辅料以及外协外购件都必须进行检验，符合有关技术文件的要求。如需代用，应按代用制度规定办理代用审批手续。

（2）所有工装、生产设备应经常保持精度和良好的技术状态，满足生产技术要求。量检具与仪表坚持周期检查，保证精度合格、量值统一。

（3）对加工的零部件按工艺规定应备有相应的工位器具，防止零部件在制造、运输、储存过程中发生磕碰、拉毛、划伤和锈蚀。

（4）协调工艺人员、操作人员与现场管理人员的关系。

（5）及时发现工艺设计、工艺文件中的问题，并通过一定的程序予以解决等。

问题02：现场文明生产管理有哪些注意事项

现场文明生产管理的注意事项具体如下：

（1）要经常对员工进行文明生产教育，使员工把搞好文明生产作为自觉的行为，并能坚持不懈地推行下去。

（2）做好文明生产必须建立各项工作标准，层层贯彻责任制度，并用各项管理制度进行严格的考核。做到文明生产人人关心，人人有责，人人有明确的目标，人人都要受到检查和考核。

（3）针对生产过程中文明生产所出现的问题，有计划、有措施、创造条件及时给予解决。

要点一 ⇨ 确定工序质量控制点，编制工序质量控制点明细表

要点二 ⇨ 由研发部门负责设计绘制“工序质量控制点流程图”，明确标出建立控制点的工序、质量特性、质量要求、检验方式、测量工具等

要点三 ⇨ 由研发部门组织有关车间的操作人员、技术人员等进行工序分析，找出影响控制点质量特性的“主导因素”

要点四 ⇨ 研发部门根据工序分析的结果，编制出“工序质量表”，对各个影响质量特性的“主导因素”规定出明确的控制范围和管理要求

要点五 ⇨ 由研发部门负责编制控制点的作业指导书和自检表

要点六 ⇨ 由设备、工具、检验等部门根据工序质量表展开的影响要素的控制项目，编制设备工艺装备点检卡

要点七 ⇨ 由研发部门制定“质量控制点的管理办法”、“工序管理制度”

要点八 ⇨ 由品质部门会同工艺、检验部门组织有关人员验收

图2-11　落实和实施质量控制点的要点

要点07：日常工序管理的内容

日常工序管理的内容包括规定产品质量标准、明确各项工序的管理负责人等，具体如图2-12所示。

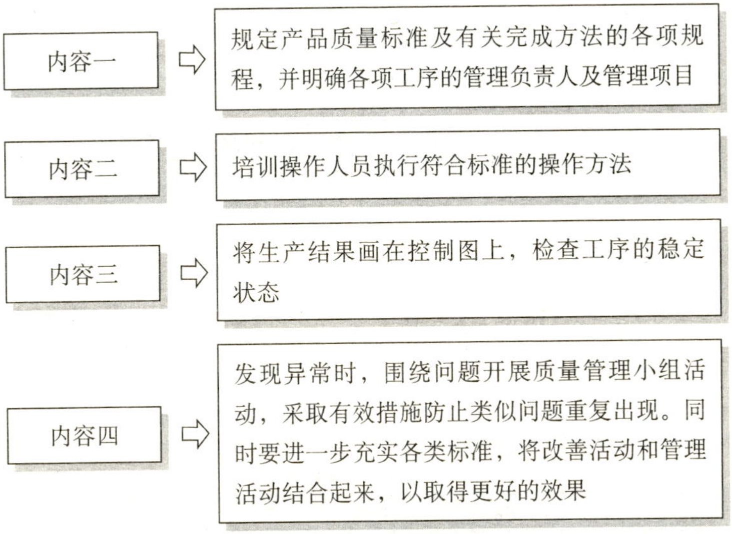

图2-12　日常工序管理的内容

要点08：工序管理的程序

工序管理需要按照一定的程序进行，具体步骤如图2-13所示。

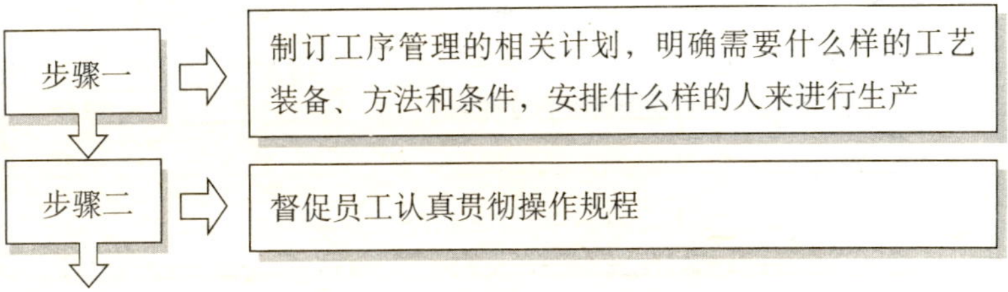

看板04：工序能力调查流程

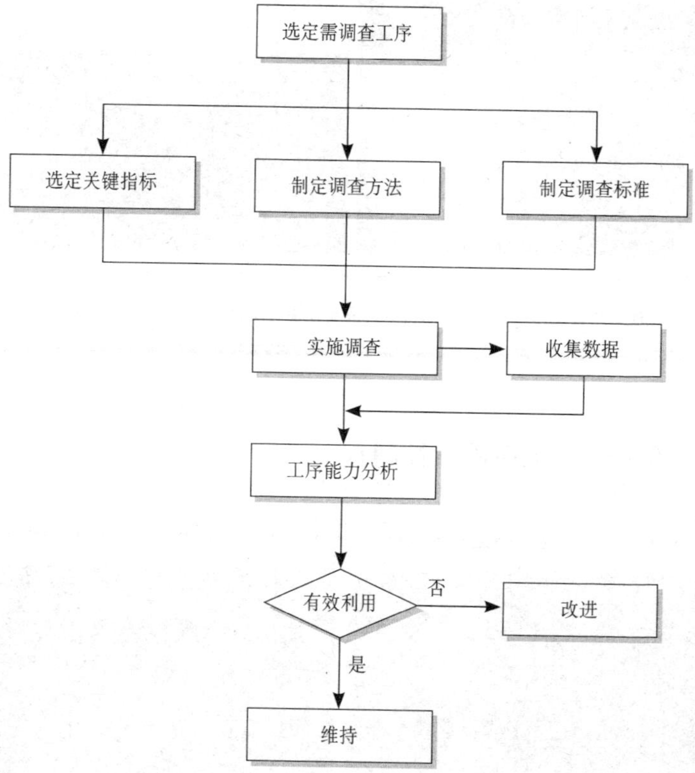

要进行工序质量管理，首先要通过调查工作弄清企业的工序能力。

看板05：技术改进流程

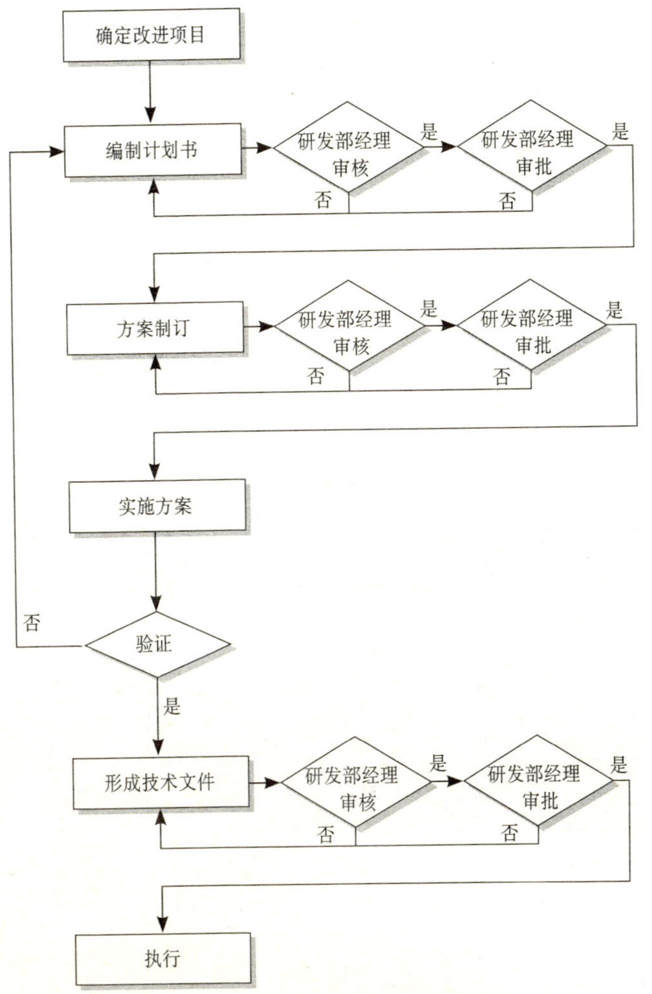

当企业的技术能力不能满足生产需要时，研发部门就要开展技术改进工作。

问题解答

问题01：设置工序质量控制点有哪些注意事项

设置工序质量控制点的注意事项具体如下：

（1）对于设计、工艺要求的关键、重要项目必须长期重点控制。

（2）对工序质量的不稳定、不良品多、用户反馈项目多所建立的控制点，经技术改进、加强管理后，若得到了控制、保证了质量特性要求后，控制点可以撤销，转入正常的管理。

（3）对无法解决质量问题的质量控制点，研发部门要组织各部门相关人员共同研究确定问题所在，集中解决。

问题02：对异常工序的处理需考虑哪些事项

对异常工序进行处理时一般应考虑以下事项：

（1）是否还应继续生产。

（2）异常的原因在何处，如何及早发现并排除。

（3）对发生异常后生产的产品，如何做好检查、修理等善后工作。

（4）采取哪些措施防止异常状况重复出现。

第三节 工艺标准化管理

要点分析

要点01：工艺标准化的内容

工艺标准化是为了使产品在生产过程中能够切实保证产品的质量，同时又能提高工作效率、降低消耗。工艺标准化的内容如图2-14所示。

工艺术语标准化	工艺术语是工艺领域内的共同技术语言，它是制定工艺标准、编制工艺文件和做好各项工艺工作的基础
工艺规程标准化	又称工艺规程典型化，是从研究产品着手，把结构形状特征或加工工艺特征相似的零件归并在一起，结合企业的实际情况，找出比较先进的工艺方案，形成指导生产的工艺文件
工艺文件标准化	是运用标准化手段，对工艺文件的种类、格式、内容、填写方法等实现标准化

图2-14　工艺标准化的内容

要点02：明确工艺标准的编制人员

标准制定得是否合理将直接影响企业的产品质量和成本。企业的

要点05：制订工艺标准贯彻计划

贯彻标准不只是标准化人员的工作，而应是包括企业最高主管在内的企业所有相关人员共同参与的一项工作。制订贯彻标准计划要考虑下列几个方面的内容，如图2-18所示。

内容一	与其他相关标准配套贯彻
内容二	与企业各项计划、管理机构和企业的经营目标相协调。选择适当时机（如新产品投产时）贯彻标准
内容三	全面分析贯彻标准所涉及的各个方面、各个环节，摸清各部门承担贯彻标准任务的潜力，避免打乱企业正常的生产管理秩序

图2-18 制订工艺标准贯彻计划的内容

要点06：工艺标准贯彻的准备工作

工艺标准贯彻的准备工作包括宣讲、技术和物质三个方面，具体内容如图2-19所示。

宣讲准备	由有关人员宣讲贯彻该标准的意义和目的，使大家理解并熟悉标准内容
技术准备	编制新旧标准对照表；针对技术难点组织工艺攻关；下发技术资料等

图2-19　工艺标准贯彻的准备工作

要点07：工艺标准的组织实施

准备工作完成后，组织对工艺标准的实施，具体实施要点如图2-20所示。

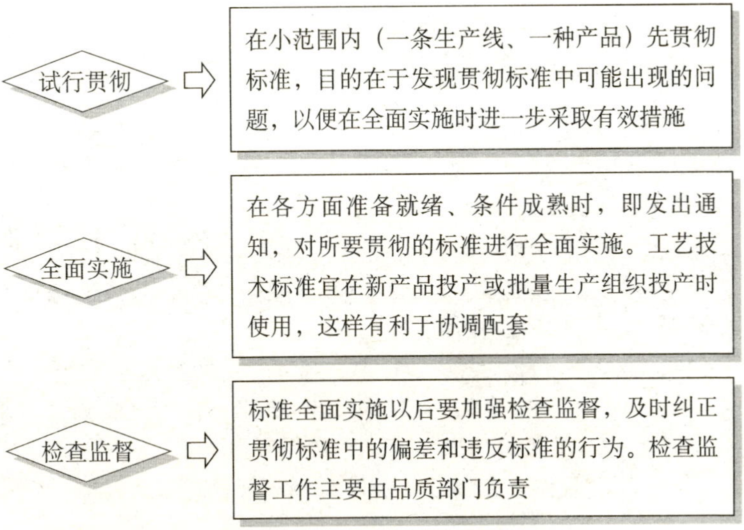

图2-20　工艺标准的组织实施要点

要点08：工艺标准定期复审

研发部门主管应对制定好的工艺标准定期复审，以确保标准的完整、实用。复审工作相关事项如图2-21所示。

复审目的	复审的目的，就是审查和确定过时或即将过时的标准，及时地进行修订或增订新标准，适时地将先进的科学技术成果和实践经验纳入标准
复审周期	工艺标准的复审周期一般为2～3年
复审人员和方式	复审工作由专职标准化人员或专业技术人员负责，可组织会议审查或发函征审的方式

图2-21　工艺标准定期复审相关事项

要点09：复审结果处理

根据复审结果，可按重新确认、修改、修订、废止等四种情况处理，具体如图2-22所示。

确认	标准仍能满足当前生产需要，各项技术指标符合当前科学技术水平。标准内容不做修改，或只作编辑方面的修改
修改	即对标准的内容（包括标准名称、条文、参数符合以及图、表等）进行少量的修改和补充。经修改、补充后，这类标准的标准号一般也不变，仍继续有效
修订	当标准的主要技术内容需要作较多的变动时，该标准应重新修订
废止	标准的内容已不适应当前的生产需要或已被新的标准所替代，以及已失去使用意义的标准应废止

图2-22　复审结果的处理方法

看板展示

看板01：工艺标准（1）

生产工作的开展离不开各类完善的工艺标准。

看板02：工艺标准（2）

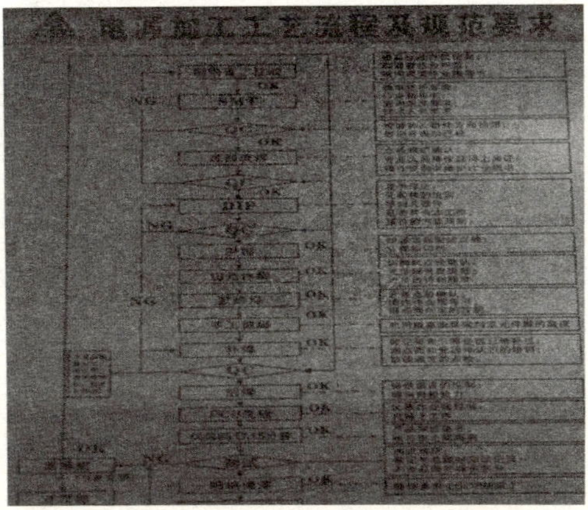

加工工艺制作标准流程及规范要求。

问题解答

问题01：如何处理在贯彻工艺标准过程中发生的问题

在贯彻工艺标准过程中发生的问题应做如下处理：

（1）由研发部门组织对问题进行查找，确定具体问题所在。

（2）根据标准中的问题进行有针对性的修订。

（3）将修订后的标准重新应用于生产中，并观察标准的实施效果。如果仍然存在问题，则要进行进一步修订，直到标准完好无误。

问题02：制定工艺标准常用的基础规范有哪些

制定工艺标准常用的基础规范具体如下：

（1）GB 3100——国际单位制及其应用。

（2）GB／T 3101——有关量、单位和符号的一般原则（eqv ISO 31-0）

（3）JJF1001——通用计量术语。

（4）ISO 14617——简图用图形符号。

（5）IEC 60027——电工技术用文字符号。

（6）IEC 61346——工业系统、装置和设备以及工业产品——结构原则和检索代号。

第四节 工艺纪律管理

要点分析

要点01：工艺纪律对工艺文件的要求

企业生产使用的技术文件（包括图样、技术标准和工艺文件）应达到正确、完整、统一。具体要求如图2-23所示。

正确	图样、技术标准和工艺文件应符合有关标准规定。图面、尺寸精度、尺寸链、形位公差及其标注方法等，应正确、清晰。工艺流程安排合理。工艺规程切实可行
完整	技术文件的种类应齐全。每种文件的内容应完整，例如，一张产品图样或一张工艺卡片，图纸内容完整、符合要求，编制、审核、批准签字手续齐全，应填写的栏目均已填齐
统一	对技术文件应按制度规定的审批程序办理修改手续，并及时修改，保证各种技术文件的蓝图与底图统一。产品图样、技术标准与工艺文件相关的技术要求统一，工艺文件与工艺装备图统一

图2-23　工艺纪律对工艺文件的要求

要点02：工艺纪律对材料、在制品的要求

在制品包括已投产的材料、毛坯、半成品和成品件。它们是贯彻工艺、形成产品过程中的加工对象，它们的质量应符合工艺纪律要求，具体内容如图2-24所示。

要求一 ⇨ 防止在装卸、搬运和转序中损坏在制品

要求二 ⇨ 关键件、大型零件，应规定运送路线、搬运工具及装卸方法

要求三 ⇨ 所有材料、毛坯、半成品等，应逐序制定在线储备定额，作为在制品限额，并规定存放区；特殊形状的零件，还应按文件规定码放方法存放

要求四 ⇨ 当材料或在制品不合格时，如需代用或回用，必须按有关制度规定办理代用或回用手续

图2-24　工艺纪律对材料、在制品的要求

要点03：工艺纪律对操作者的要求

操作者贯彻工艺规程，遵守工艺纪律是很多工序保证稳定生产优质制品的支配性要素，工艺纪律对操作者的要求如图2-25所示。

要求一 ⇨ 技术等级应符合企业工艺规定，实际等级与评定的工资等级应一致

要求二	⇨	实行定人、定机、定工种（即三定）。精、大、稀、关键设备的操作者，应经考试合格并取得设备操作证
要求三	⇨	特殊工序操作者，应经过专门培训，并经考试合格，取得工艺操作证
要求四	⇨	熟记工艺文件的内容，掌握本人承担加工制品的工艺要求、操作方法、操作要点、检测方法，能做到按图样、按技术标准和工艺规程文件操作
要求五	⇨	生产前认真作好准备工序；生产中集中精力，不擅离工作岗位，保持图样、工艺文件整洁；对加工前后的制品和量检具应按定置摆放
要求六	⇨	认真开展自检活动，并做好记录、质量跟踪

图2-25　工艺纪律对操作者的要求

要点04：工艺纪律对环境卫生的要求

工艺纪律对环境卫生的要求包括设备清洁、无切屑等，具体内容如图2-26所示。

内容一	⇨	设备清洁无油污、锈蚀；设备附件齐全，擦洗干净，并按定置区规定存放；设备无渗漏油或有防止渗漏油污环境的措施

内容二 ⇨ 工艺装备清洁，无切屑、无锈蚀，按定置区规定点存放

内容三 ⇨ 通道有标志并畅通，生产现场无油污、积水和工业垃圾等

内容四 ⇨ 工位器具齐全适用，在制品不落地、不相碰

内容五 ⇨ 生产现场在制品数量不超过限量期、码放整齐，按定置区规定存放

内容六 ⇨ 工具箱内外清洁

图2-26　工艺纪律对环境卫生的要求

要点05：工艺纪律对检验工作的要求

工艺纪律对检验工作的要求如图2-27所示。

正确 ⇨ 检验人员应努力做到不错检、不漏检，以减少不合格品流入下道工序或装配

及时 ⇨ 实行首检、巡检和完工检，及时发现生产中可能发生的违纪问题，保证工艺的贯彻，加工完成后的在制品应及时检验及时转序，避免在制品积压，影响定置管理

不损坏在制品 ⇨ 防止在检验过程中损坏在制品，特别是工艺基准，造成废品或影响下道工序加工

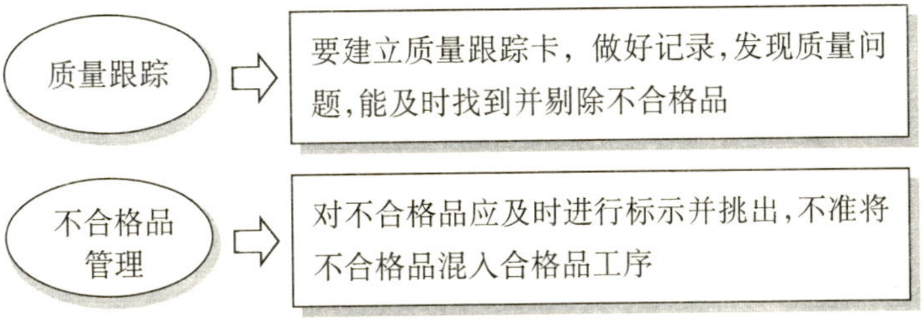

图2-27 工艺纪律对检验工作的要求

要点06：建立和健全有效的工艺管理体系

为贯彻工艺纪律应建立健全和有效的工艺管理体系，建立体系的相关事项如图2-28所示。

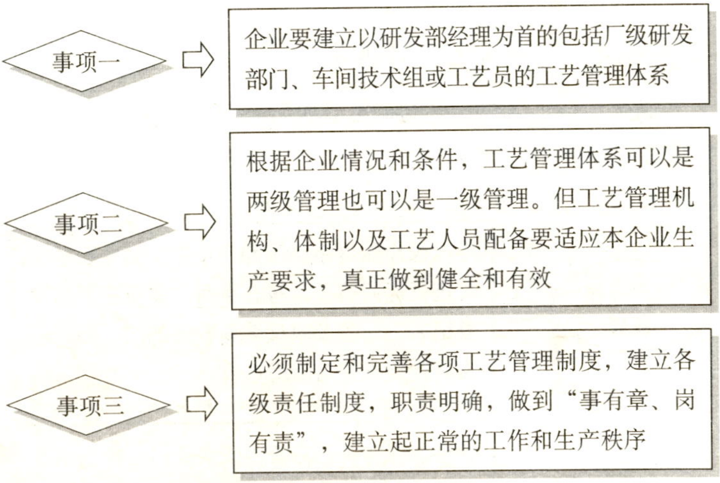

图2-28 建立和健全有效的工艺管理体系相关事项

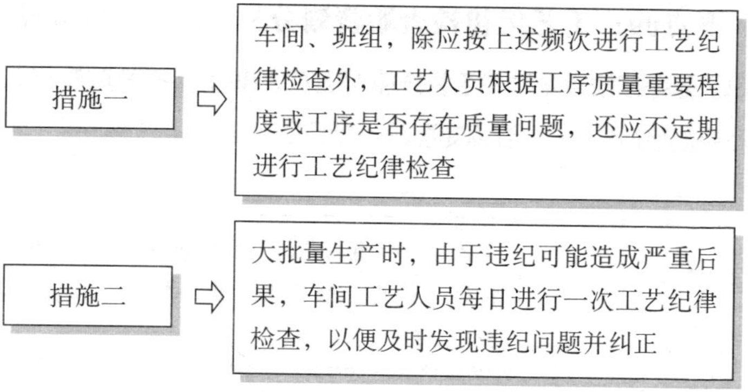

图2-32 工艺纪律检查频次的措施

要点11：工艺纪律检查的范围与项目

进行工艺纪律检查，首先必须明确检查范围和检查项目，具体内容如图2-33所示。

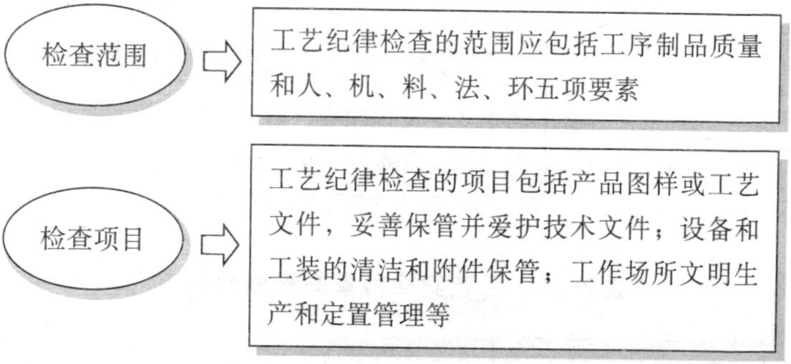

图2-33 工艺纪律检查的范围与项目

要点12：工艺纪律考核要求

要想使工艺纪律得到有效遵守，企业就必须进行考核，考核的具体要求如图2-34所示。

要求一 ⇨ 企业建立有完善的工艺管理制度和各类工艺人员岗位责任制，做到“事事有章可循，岗位职责明确”；有切实可行的工艺纪律实施细则和考核办法，并认真贯彻执行

要求二 ⇨ 工艺纪律考核，做到日常检查与抽查相结合，车间抽查与企业品质部门抽查相结合，工艺纪律检查与工序质量审核相结合

要求三 ⇨ 按“工艺纪律检查项目记录表”检查并认真做好记录，对违纪的工艺因素，应分清责任并取得责任部门或人员确认，将工艺纪律检查评价结果与被考核部门奖励或报酬挂钩，做到奖惩分明

图2-34 工艺纪律考核要求

要点13：对操作人员的工艺纪律考核

对操作人员的工艺纪律考核内容如图2-35所示。

内容一 ⇨ 实行定人、定机、定工种“三定”，按规定取得设备或工艺操作证

内容二 ⇨ 生产前做好准备工作，备齐图样、工艺文件和技术标准，熟悉并掌握工艺文件和技术标准的加工和工序控制的有关要求

内容三	⇨	认真贯彻工艺规程，核查有关工艺装备、材料或在制品、设备、检测量具等是否符合技术文件要求，坚持按图样、技术标准、工艺文件实行“三按”生产和操作
内容四	⇨	按要求搞好自检，对技术文件中规定的工艺参数，如温度、压力、时间、电流、电压、材料配方、真空度、清洁度等做好记录

图2-35　对操作人员的工艺纪律考核内容

要点14：对生产班组的工艺纪律考核

生产班组是生产工作的基本单位，对生产班组的考核内容如图2-36所示。

内容一	⇨	组内设有兼职工艺纪律检查员（可由正副组长兼任），认真贯彻“企业工艺纪律实施细则及检查考核办法”（以下简称“办法”），按“办法”规定对本组各工序的工艺贯彻情况进行检查，做好记录，作为考核本组人员的依据之一
内容二	⇨	工艺贯彻率，特别是关键工序的工艺贯彻率达到下达的计划指标
内容三	⇨	废品率、返修率、回用率达到或低于计划指标
内容四	⇨	违反工艺纪律所造成的质量事故次数和损失金额下降

图2-36　对生产班组的工艺纪律考核内容

要点15：对生产车间的工艺纪律考核

车间是生产工作的主要场所，对车间的工艺纪律考核内容具体如图2-37所示。

内容一 ⇨ 车间主任或指定副主任负责车间工艺管理工作，车间技术组（或分厂技术部）应设置专职和兼职工艺纪律检查员，负责全车间工艺纪律考核与评价的归口管理工作

内容二 ⇨ 认真贯彻“办法”，做好工艺纪律抽查和对生产班组、车间职能组（员）的工艺纪律考核与评价

内容三 ⇨ 车间工艺贯彻率，特别是关键工序工艺贯彻率达到企业下达的计划指标

内容四 ⇨ 车间综合废品率、返修率、回用率达到或低于企业下达的计划指标

图2-37　对生产车间的工艺纪律考核内容

要点16：管理人员违纪现象

企业违反工艺纪律（以下简称违纪）的因素虽然很多，但归纳起来不外乎两类：一类是管理人员违纪；另一类是操作人员违纪。管理人员违纪现象如图2-38所示。

工艺准备不充分 ⇨ 在进行产品生产技术准备时，由于准备周期短，工艺准备做得不够充分，造成图样、工艺文件种类不齐全，内容缺项不完整，图纸有错误、不清晰等

图样和工艺文件管理不善 ⇨ 晒印分发文件份数较乱，时多时少，修改时常有遗漏。操作者借用技术文件方法不当，借错文件。技术文件未及时一次修改完，文件不统一

工艺装备管理不善 ⇨ 未按工艺文件规定使用工艺装备。关键工序（控制点）的工艺装备影响工序加工质量的某些精度，超过允许界限值。模具或其他较复杂的工艺装备未进行首件验证并挂“首件”标志，下场前未检查末件并挂“末件”标志

图2-38　管理人员违纪现象

要点17：管理人员违纪原因分析

针对管理人员的违纪现象进行分析，其原因如图2-39所示。

原因一 ⇨ 企业某些管理职能划分不合理、不落实或漏项，造成工作责任不明确，有些违纪现象未落实责任部门，无人负责

原因二 ⇨ 对某些违纪现象，企业没有建立具体切实可行的管理制度

原因三 ⇨ 对违纪因素未做好记录，违纪信息未能及时反馈给有关责任部门，因之未采取控制措施防止再发生

原因四 ⇨ 违纪责任未划分清楚，未实行严格奖惩，奖惩不明

图2-39 管理人员违纪原因分析

要点18：管理人员违纪控制

企业应积极采取措施，对管理人员的违纪行为进行有效控制，具体措施如图2-40所示。

措施一 ⇨ 管理者应充分认识到工艺纪律考核不仅仅是操作者和生产车间的事，也包括生产服务系统的各有关部门

措施二 ⇨ 合理分配企业管理职能，建立责任制，使防止经常出现的违纪因素的措施，落实到有关部门或人员的工作责任制中去，消除违纪因素无人负责的现象

措施三 ⇨ 建立工艺系统纪律检查考核办法，对违纪因素明确责任，做好记录，及时反馈，进行考核，奖励分明，严格治理，重奖重罚

图2-40 管理人员违纪控制措施

要点19：操作人员违纪表现及原因分析

对操作人员出现的违纪表现及原因进行分析，具体内容如图2-41所示。

内容一 ⇨ 无意差错造成违纪，如工作场所光线暗，照明不足，看不清楚，造成误操作或误测量而违纪

内容二 ⇨ 技术性差错造成违纪，如设备陈旧、技术状况不佳造成违纪或检测手段落后，不可能得到准确的测量结果，造成误测违纪

内容三 ⇨ 有意差错造成违纪，如操作者责任心不强，干活马虎大意，误操作而违纪；操作者对管理人员工作作风等有意见，对奖金、工资等现状不满；有逆反心理，而故意违纪

图2-41　操作人员违纪表现及原因分析

要点20：操作人员违纪控制

操作人员是生产工作的直接操作者，因此必须对其违纪行为进行严格控制，具体措施如图2-42所示。

措施一 ⇨ 为操作者创造一个良好的工作环境

措施二 ⇨ 提高所用设备的自动化程度

措施三 ⇨ 对陈旧设备进行更新

措施四 ⇨ 做好操作人员的思想工作，领导以身作则，处理事情公正

措施五 ⇨ 宣传违纪对质量及企业信誉可能造成的后果，提高操作者的责任心

图2-42　操作人员违纪控制措施

看板展示

看板01：新员工着装规定

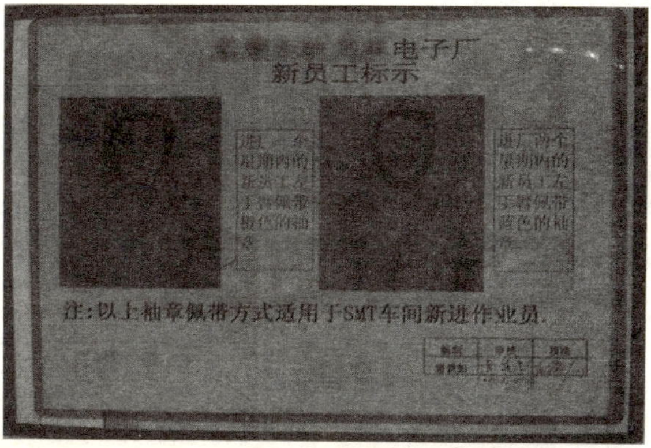

工艺记录应对新员工的着装作出明确要求，并以看板的方式展示出来。

问题03：如何进行车间工艺纪律检查

进行车间工艺纪律检查的措施具体如下：

（1）由车间技术组或工艺人员主持和组织，车间生产、设备、检验人员参加，按检查计划规定的时间和工序去生产现场检查。

（2）对不合格项（即违纪）的处理，与企业不合格项处理方法相同，但只限于本车间的责任部门或人员。

（3）当违纪责任牵涉到某部门时，则由本车间的相关部门或人员与其联系并请该部门领导在“违纪责任通知单”上签字确认。

问题04：如何进行班组工艺纪律检查

进行班组工艺纪律检查的措施具体如下：

（1）班组工艺纪律检查，应尽可能简化。由班组长主持，副组长、质管员、设备员参加，每周进行一次检查。

（2）检查是按序逐项检查，记录采用合格打“√”不合格打“×”的方法。

（3）班组工艺纪律检查重点是操作人员，对违纪人员填写“违纪责任通知单”并请其签字确认。

第三章 产品工艺管理

产品工艺管理涉及产品的各个方面。只有做好了产品工艺管理，才能保障产品的工艺水平。

内容五 ⇨ 根据不同设计阶段的规定或选用最能体现该产品的结构工艺的评价指标体系，并说明指标的计算方法与公式

内容六 ⇨ 确定用同新产品进行对比的基础产品结构工艺性的评价指标的具体数值

图3-6 审查的准备工作内容

要点07：方案设计与技术设计阶段的审查程序

在方案设计与技术设计阶段，产品主管工艺师就应积极参与调查研究、编制任务书和设计方案讨论，与主管设计师共同工作，密切配合。具体如图3-7所示。

程序一 ⇨ 对主要结构的设想在确保新产品所需功能的基础上，按工艺规程设计的原则提出科学的对策和建议，保证重大的结构工艺性问题及早解决，并做好记录，存档备查

程序二 ⇨ 一些有争议性的工艺问题，可由研发部经理召集部门产品设计师、工程师、车间技术人员和有经验的员工共同进行分析与审查。当意见有分歧时，由研发部经理裁决。必要时，为解决某些新结构工艺性问题，可请外单位的专家协助进行分析审查

程序三 ⇨ 该阶段一般应对产品结构工艺性进行“会审”。对结构复杂的重大产品，由研发部经理负责组织产品工艺审查会，由研发部经理主持，邀请质量检验部门、生产调度部门和车间有关人员参加（必要时可请厂外专家参加），定性或定量地分析评价有关工艺性指标，集中各方面意见，共同研究解决问题

程序四 ⇨ 审查决议记录，由研发部立案存档备查，同时填写“产品结构工艺性审查记录单”

图3-7　方案设计与技术设计阶段的审查程序

要点08：工作图设计阶段的审查程序

产品图样（经设计人员、审核人员签过字的铅笔原图）的工艺性审查由产品主管工艺师和各专业工艺师（员）分头进行。具体如图3-8所示。

程序一 ⇨ 产品主管工艺师负责对最重要的、最关键的工作图进行审查，并对审查中出现的问题及时解决

程序二 ⇨ 各专业工艺师则针对一般性的工作图进行审查，对审查中遇到的问题，能自行解决的立刻解决，无法自行解决的，需报产品主管工程师、研发部经理处理解决

程序三 ⇨ 对审查中遇到的一些非常复杂的疑难问题，产品主管工艺师可以与各专业工艺师共同协商解决

图3-8　工作图设计阶段的审查程序

问题解答

问题01：进行工艺性审查应考虑哪些因素

进行工艺性审查应考虑的因素具体如下：

（1）产品种类、结构特点和复杂程度。

（2）生产类型或产品产量和产品的发展前景。

（3）企业现有的生产条件，如人员、设备、工艺装备等。

问题02：工艺性审查的指标有哪些

工艺性审查的指标具体如下：

（1）总数指标。在生产中，结构组成的零件总数越少，则生产技术准备、计划及核算工作就越简单，制造零件和装配成品的费用也就越低。衡量产品结构工艺性的优劣程度，通常直接由产品总图及产品零件特征得到的总数指标来测定。总数指标主要包括零件总数、不同名称零件的数目、利用已掌握的生产零件数目等。

（2）其他指标。产品结构的工艺性审查中还可以计算以下一些指标：结构劳动量降低指标、结构材料量降低指标、生产周期缩短指标、制造成本降低指标等。

第二节 工艺方案设计与管理

要点分析

要点01：工艺方案的类别

工艺方案按不同的划分方式有不同的类别，具体如图3-11所示。

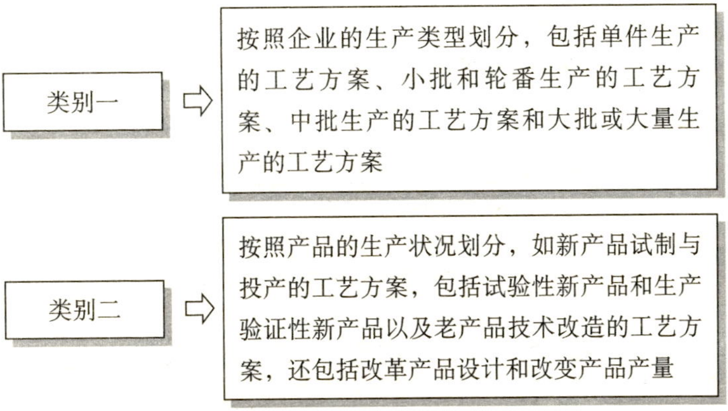

图3-11　工艺方案的类别

要点02：新产品样品试制工艺方案内容

新产品样品试制（包括产品定型，下同）的工艺方案应在评价产品结构工艺性的基础上，提出样品试制所需的各项工艺技术准备工作。新产品样品试制工艺方案内容如图3-12所示。

内容一	⇨	对小批量试制阶段工艺、工装验证情况的小结
内容二	⇨	工艺关键件质量攻关措施意见
内容三	⇨	关键工序质量控制点设置要求
内容四	⇨	专用设备或生产自动线的设计、制造建议
内容五	⇨	装配方案和车间平面布置的调整意见
内容六	⇨	工艺文件及工艺装备的进一步修改、完善建议
内容七	⇨	对生产节拍的安排和投产方式的建议
内容八	⇨	有关新材料、新工艺的采用建议

图3-14　批量生产的工艺方案内容

要点05：编制工艺方案的依据

编制工艺方案需要一定的依据，具体如图3-15所示。

设计定型和批量试投产日期	⇨	批量试制生产日期的确定，实质上就是确定生产技术准备工作的周期。应根据市场信息和企业各方面的条件作出决策
产品的生产类型	⇨	确定该产品的生产规模和方式，是大批量生产，还是中批、单件小批量生产；是连续生产还是周期轮番生产；批量以多少为宜等

有关的工艺资料	如企业的加工设备、测试仪器的清单；工装设计、制造能力和每一类工装的估计价格；工人技术等级及工种情况
工艺水平比较	企业现有工艺技术水平和国内外同类产品的新工艺、新技术的比较

图3-15　编制工艺方案的依据

要点06：选择方案编制人员

编制工艺方案需要专门的编制人员，研发部经理需做好人员的选择工作，相关事项如图3-16所示。

事项一	新产品试制任务一经确定，研发部经理就应任命产品主管工艺师
事项二	产品主管工艺师参加从调研、设计方案论证直至样品鉴定的设计全过程的各项工作，以便全面熟悉产品的设计性能和技术条件，掌握制造产品的关键工艺所在
事项三	研发部经理与产品主管工艺师一起安排好工艺方案编制人员。方案编制人员应当熟悉产品特性和方案制作流程，能够熟练地根据该流程开展工作

图3-16　选择方案编制人员相关事项

要点10：工艺方案归档和领用

工艺方案经审核批准后应立即归入技术档案室进行保管，具体措施如图3-20所示。

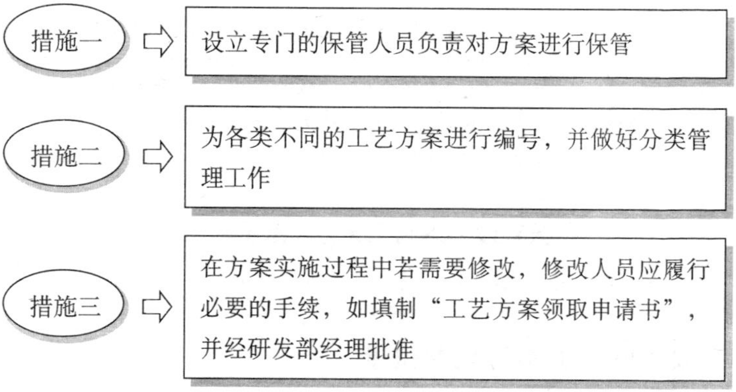

图3-20 工艺方案归档和领用的措施

要点11：工艺方案实施

工艺方案获得批准后，应立即安排执行，具体执行步骤如图3-21所示。

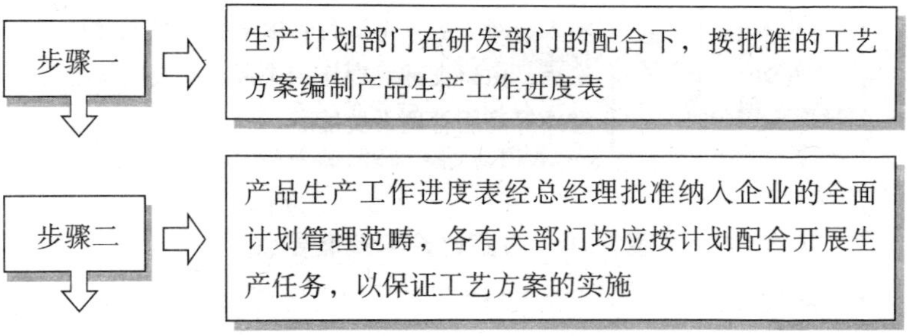

步骤三 ⇨ 生产计划部门在安排生产任务时，要仔细审查工艺方案是否正确，对发现的问题要及时通报研发部门处理解决

图3-21　工艺方案实施步骤

要点12：工艺方案的日常管理工作

研发部门必须做好工艺方案的日常管理工作，具体内容如图3-22所示。

内容一 ⇨ 工艺方案会审时应作详尽的审查记录，存档备查

内容二 ⇨ 经批准的工艺方案，由工艺部进行统一编号管理，并由资料管理部门复制，发至有关部门执行

内容三 ⇨ 执行中如需重大修改，可由产品主管工艺师重新拟订方案或修改原方案，经过前述同样程序审批发放，并将原工艺方案收回作废

内容四 ⇨ 工艺方案在执行中发现问题，应及时反映，但除研发部门外，其他部门不允许擅自修改

图3-22　工艺方案的日常管理工作内容

看板展示

看板01：工艺方案申领流程

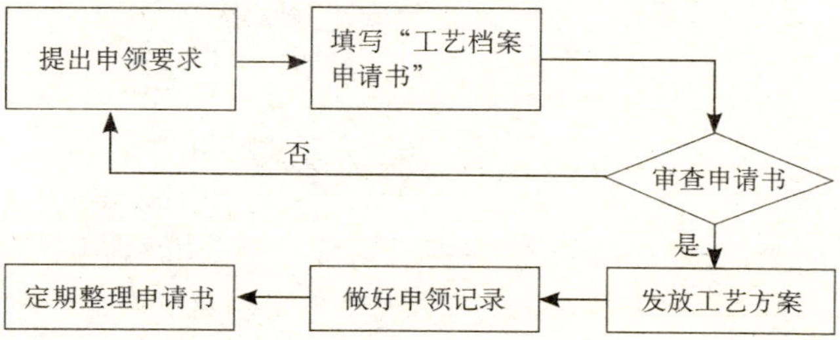

工艺方案的申领需要按照一定的流程进行。

看板02：工艺方案领取申请书

工艺方案领取申请书

方案名称：________________ 方案编号：________________

编制负责人：______________ 方案批准人：______________

申请情况说明：______________________________________

____

____

申请人：________________ 申请日期：________________

保管人：________________ 批准日期：________________

看板03：生产进度表

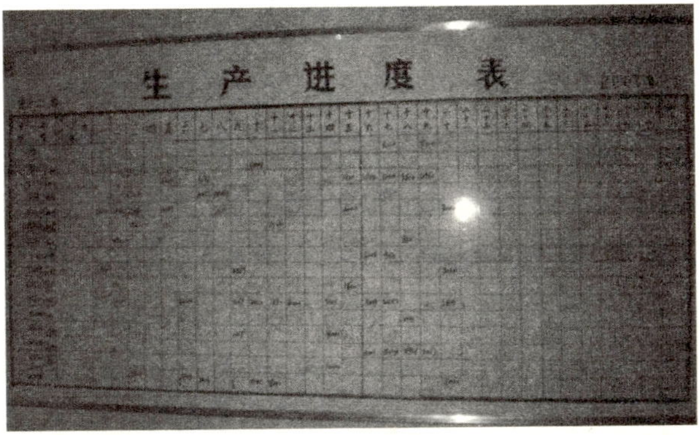

生产计划部门在研发部门配合下，按批准的工艺方案编制产品生产工作进度表，以安排生产任务。

问题解答

问题01：编制单件新产品试制方案应注意哪些事项

编制单件新产品试制方案应注意以下事项：

（1）技术简易、生产工艺有所掌握的一般产品，可不编制工艺方案，可仅做方案性的原则规定。

（2）复杂的、精密的或试验研究性的重要产品，都要详细、认真地编制工艺方案。

问题02：如何编制小批生产或轮番生产的产品工艺方案

编制小批生产或轮番生产的产品工艺方案的方法具体如下：

看板展示

看板01：SMT工艺路线图

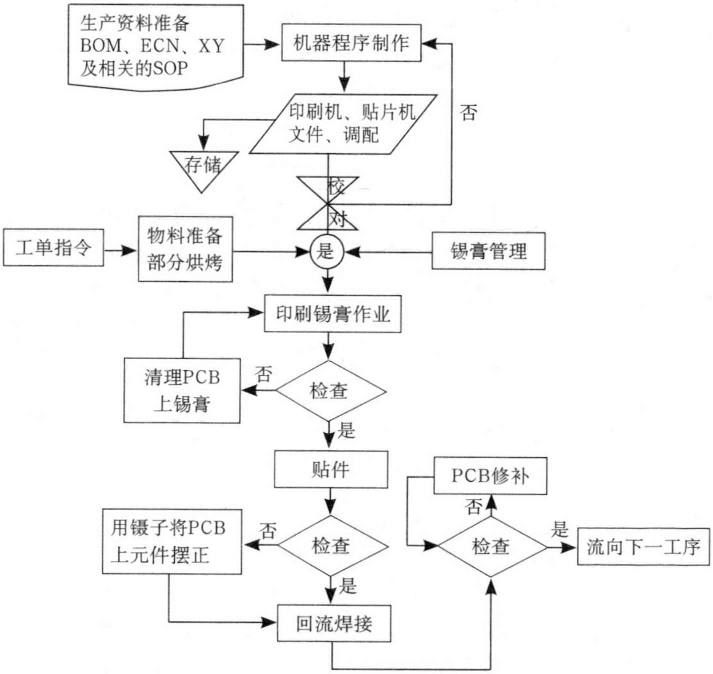

良好的SMT工艺路线图有利于合理地安排生产顺序。

看板02：锂电池加工车间工艺路线图

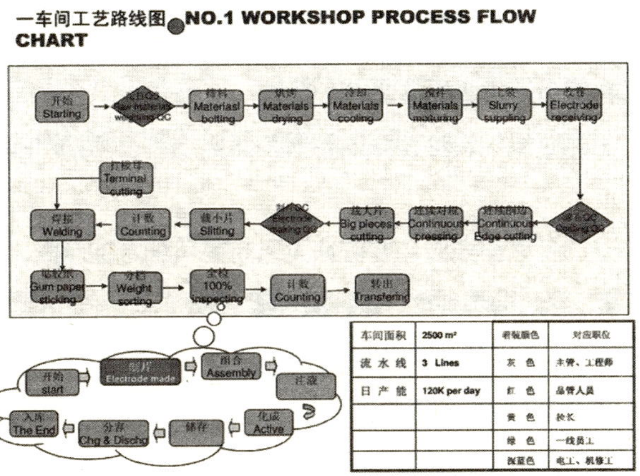

通过明确的加工路线图，可对锂电池加工路线进行良好的解析。

看板03：锂电池包装车间工艺路线图

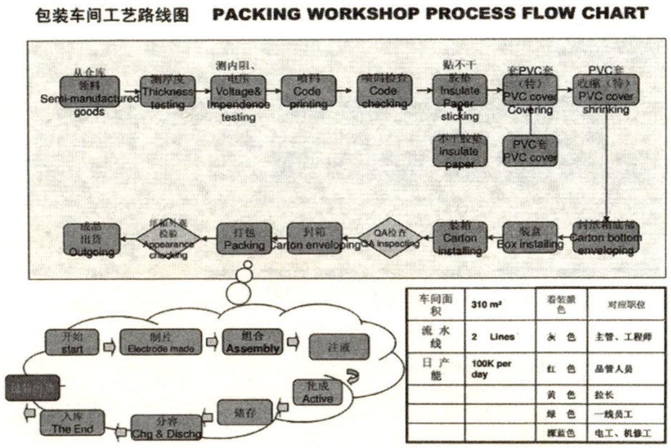

通过明确的包装工艺路线图，指明包装的基本流程。

内容六	设备调整方法
内容七	产品装配与零件加工的技术条件等

图3-26　工艺规程的内容

要点02：工艺规程设计依据

工艺规程的设计需要一定的依据，具体内容如图3-27所示。

依据一	产品图样及技术标准
依据二	产品工艺方案和生产大纲
依据三	产品零部件工艺路线图或车间分工明细表
依据四	有关工艺标准、手册、图册和设备、工艺装备资料以及劳动定额和扩建（或改建）企业资料
依据五	通用或标准工艺规程
依据六	新技术、新工艺推广项目和试验鉴定结果以及国外同类产品的生产工艺资料
依据七	本企业的生产条件，如生产车间的平面布置图、员工的技术水平和现有设备的规格、性能、维修、保养以及能达到的加工精度等

图3-27　工艺规程设计依据

要点03：零件加工工艺规程编制

零件加工工艺规程编制步骤如图3-28所示。

步骤一	研究产品图纸及技术条件，熟悉产品的性能、用途和工作条件，分析各项技术要求制定的依据，找出主要技术要求和关键技术问题
步骤二	分析图纸上的各项技术要求是否合理，零件的结构工艺性是否合理。如有问题，则提出并与有关设计人员共同研究，按规定手续对设计图纸进行修改
步骤三	确定毛坯及其加工处理方法
步骤四	拟订工艺路线。这是制定工艺规程的一项重要工作，必须认真进行，确保优化工艺路线
步骤五	确定各工序的设备、模具、夹具、量具、刃具、工位器具和辅助工具
步骤六	确定各工序的加工余量，计算工序尺寸及其公差，确定切削用量
步骤七	确定各主要工序的技术要求及检验方法
步骤八	确定全部加工时间和单件加工时间，进行材料消耗的核算
步骤九	生产计划部门在安排生产任务时，要仔细审查工艺方案是否正确，发生的问题及时通报研发部门解决

图3-28　零件加工工艺规程编制步骤

内容三 ⇨ 加工所需的设备、工具、模具、夹具、量具等

内容四 ⇨ 操作前所需进行的准备工作

内容五 ⇨ 工艺过程和方法、工艺参数（如温度、湿度、压力、电流、时间等），必要时要绘制示意图、表格、曲线等，以便操作者掌握

内容六 ⇨ 各项工艺过程中的质量要求与检验项目和方法

内容七 ⇨ 劳动保护、设备安全等技术事项

内容八 ⇨ 编制该规程时参考的技术资料

图3-31　专业工艺规程编制内容

要点07：工艺守则的编制

工艺守则的编制内容如图3-32所示。

铸造方面 ⇨ 包括熔炉、造型、浇注、清理等工艺守则

锻造方面 ⇨ 包括加热、拔长、冲孔、切削、弯曲、锻接等工艺守则

热处理方面 ⇨ 包括淬火、退火、正火、回火、渗碳、发蓝等工艺守则

焊接方面 ⇨ 包括备料、装配、焊合、清洁等工艺守则

表面处理方面 ⇨ 包括液浸、清洗、抛光等工艺守则

其他专业性工艺 ⇨ 如锅炉等弯曲、电机绕线圈、线圈绝缘处理等方面的工艺守则

图3-32　工艺守则的编制

要点08：工艺规程审核

一般工艺规程，由设计者自校后，再由产品主管工艺师、专职（或兼职）工艺标准员审查，关键工艺规程可经工艺主管审核，审核内容具体如图3-33所示。

内容一 ⇨ 工艺规程是否符合设计原则和工艺方案要求，是否达到规定指标

内容二 ⇨ 工艺路线、工序内容、工艺要求、所用设备和工艺装备是否正确合理，有无违反安全标准和环保规定

内容三 ⇨ 工艺规程的格式、幅面、术语、符号、代号、计量单位以及材料规格和工艺参数（加工余量、切削用量、工艺尺寸、工序公差和表面粗糙度等）是否符合标准

图3-33　工艺规程审核内容

要点09：工艺规程会签与批准

工艺规程审核完毕后，由审核人员进行会签，表示审核通过，然后再经过相关领导批准，具体事项如图3-34所示。

- 事项一 ⇨ 经会签后的成套工艺规程，一般由工艺主管批准
- 事项二 ⇨ 成批生产的产品和单件生产的关键产品的工艺规程应由研发部经理或产品主管工艺师批准
- 事项三 ⇨ 对企业具有重要战略价值的工艺规程由总经理批准

图3-34　工艺规程会签与批准相关事项

看板展示

看板01：轴工艺规程图纸

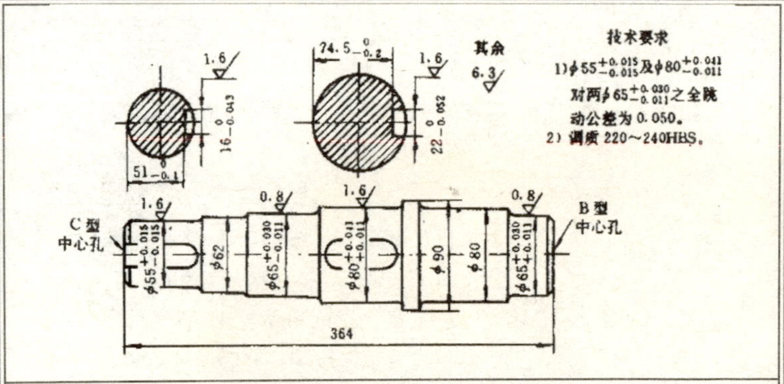

工艺规程最终会以图纸的形式展现出来。

看板02：工艺规程卡片

机械加工工艺过程卡片格式

	机械加工工艺过程卡片	产品型号		零(部)件图号				
		产品名称		零(部)件名称		共( )页	第( )页	
材料牌号		毛坯种类		毛坯外形尺寸		每个毛坯可制件数	每台件数	备注
工序号	工序名称	工序内容	车间	工段	设备	工艺装备	工时 准终	工时 单件
描图								
描校								
底图号								
装订号								
				设计(日期)	审核(日期)	标准化(日期)	会签(日期)	
标记	处数	更改文件号	签字	日期	标记	处数	更改文件号	签字 日期

将工艺规程记录在一张简单的卡片上，方便操作人员熟练掌握。

看板03：生产流程简介

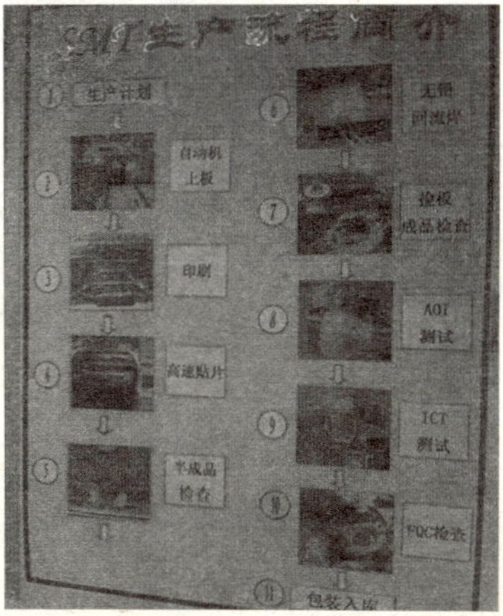

生产流程也是一种工艺规程。

看板04：生产制程看板

生产制程也是一种工艺规程。

问题解答

问题01：工艺守则由哪些部分构成

工艺守则一般由以下各部分构成：

（1）适用范围。

（2）材料及配方。

（3）加工时所需设备及工艺装备。

（4）操作前应做的准备工作。

（5）应遵守的操作方法和顺序以及给定的工艺参数，必要时配以图表。

（6）质量检验标准及检验方法。

（7）技术安全与注意事项。

（8）根据专业不同，还可写入包装、标记、运输、储存等要求。

问题02：工艺规程会签的内容有哪些

工艺规程会签的内容具体如下：

（1）根据本车间的生产能力，工艺规程中所定内容（毛坯制造、零件加工、产品装配）能否实现。

（2）工艺规程中所用设备、工艺装备和检测仪器是否合理，自制或改装有无可能。

第五节 工艺验证与定型

要点分析

要点01：工艺验证的依据

工艺验证是在新产品研制和批量试制阶段中，对工艺能否保证达到产品设计任务书的要求，所进行的一系列验证工作。它包括对新工艺和关键工艺的验证，对新设计和制造的工艺装备进行试用等。工艺验证的依据如图3-35所示。

依据一	产品设计图样及技术文件
依据二	有关国家标准、部标准（专业标准）、企业标准以及产品质量分等规定等

用试验方法，经过反复改变试验条件和操作方式，验证工艺所能保证达到的制造质量及其经济效果。试验是检验技术成果的重要手段。用于工艺验证最常用的试验类型如图3-38所示。

对比试验 ⇨ 它是为确定两种或多种研究对象的优劣异同所安排的试验。要证实工艺方法及工艺装备的效果，可以进行试验比较，找出各种方案的优点和缺点、相同点和相异点，作为技术决策的依据

析因试验 ⇨ 由已知结果再去寻找原因的试验。如在工艺验证中发现工艺流程不稳定，就需要查明原因，以便采取措施，修改工艺

图3-38　工艺验证的方法

要点05：选定关键工艺参数

关键工艺参数是指能够影响关键工艺属性的参数。工艺验证工作应重点验证关键工艺参数。各类关键工艺参数的获得如图3-39所示。

参数一 ⇨ 进行新产品研发的相关部门

参数二 ⇨ 以往的生产加工经验

参数三 ⇨ 厂房、设备设施的相关数据

图3-39　选定关键工艺参数

要点06：验证计划与准备

研发部门根据生产部门下达的生产计划和工艺方案中确定的工艺验证项目、内容、方法及要求，结合零部件生产进度要求，编制工艺验证计划。该计划经研发部经理或产品主管工艺师与生产副总经理审批后，须下发至生产现场和有关部门。验证准备工作如图3-40所示。

内容一：组织准备，即根据工艺复杂及重要程度，确定验证人员组织形式及成员

内容二：技术文件的准备，即研发部门提供产品设计图样、产品技术文件和技术标准；研发部门提供全套工艺文件

内容三：毛坯准备，即物控部门根据研发部门编制的“材料工艺定额明细表”，做好原材料、辅料的准备，并提供合格的外配套件。生产部门负责铸锻毛坯的准备，并提供合格的外协零部件

内容四：技术检查部门、计量部门做好工序检验、零件检验和部件装配、总装配精度以及整机性能试验等准备

内容五：由生产现场主管主持召开技术会议。设计主管、工艺主管要向现场施工组、工段长以及有关操作人员介绍工艺验证的主要内容、要求和方法

图3-40　验证准备工作的内容

条件五 ⇨ 工艺装置调试合格，能保证产品质量

条件六 ⇨ 产品零部件的质量达到质量标准的要求。关键工序已定设备、定操作者

条件七 ⇨ 毛坯、原材料符合工艺要求，并定点供应

条件八 ⇨ 技术管理制度与岗位责任制已建立，并得到贯彻执行

条件九 ⇨ 生产和检验人员能掌握所担任工序的工艺资料和操作技能

图3-43　工艺定型的条件

要点10：工艺定型审批程序

工艺定型由企业内部根据一定的审批程序完成，具体内容如图3-44所示。

内容一 ⇨ 当工艺定型的产品达到生产定型标准时，生产部门主管人员可根据有关规定向研发部门、企业管理层申请定型

内容二 ⇨ 对于某些产品，需经过一段时间的使用验证，并在广泛听取用户意见后，经过改进，才能作出定型结论

图3-44　工艺定型审批程序的内容

看板展示

看板01：工艺验证流程图

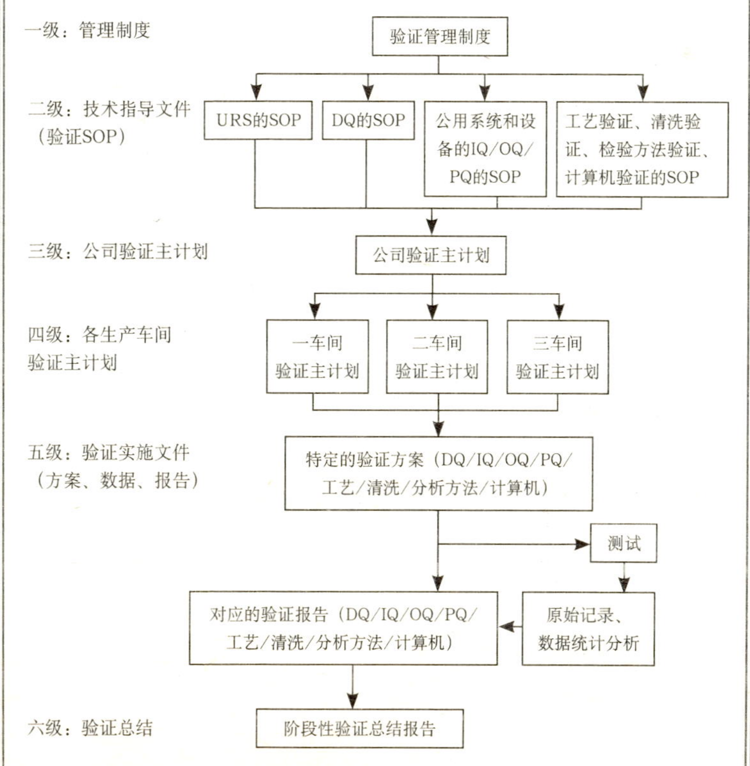

工艺验证流程图。

第四章
材料与工时定额管理

对研发部门来说，良好的定额管理能够确定产品生产，明确必要的材料和工时，以便生产任务顺利开展。

第一节 材料定额管理

要点分析

要点01：材料消耗定额的类别

材料消耗定额可以分为工艺定额和供应定额，具体内容如图4-1所示。

工艺定额	工艺定额包括产品或零件的净重和工艺性损耗。工艺定额通常由研发部门制定
供应定额	供应定额是在工艺定额的基础上，加上一定比例的非工艺损耗构成。供应定额通常由供应部门制定

图4-1　材料消耗定额的类别

要点02：材料消耗定额常用制定方法

材料消耗定额常用制定方法如图4-2所示。

技术分析法	技术分析法是以技术图纸和工艺卡片等主要技术文件为依据，并以相应的技术措施为基础，通过科学分析和技术计算，确定最经济、最合理的物资消耗定额的方法

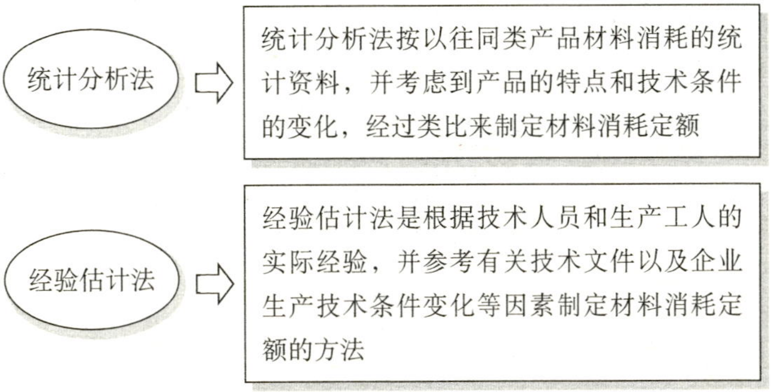

图4-2　材料消耗定额常用制定方法

要点03：主要原材料消耗定额的制定

这是指直接构成基本产品实体的材料。为正确制定主要原材料消耗定额，首先要分析原材料消耗的构成。以机械制造企业为例，原材料的消耗构成一般包括三个部分，如图4-3所示。

原材料消耗定额主要是有效消耗和工艺性消耗的总和。至于非工艺消耗，不论正常的还是非正常的损耗，一般都不应计算在原材料消耗定额之内。因为有些损耗并不是直接与生产的损耗有关，即使有些损耗与生产有关，但为了减少非工艺损耗，促进物料管理水平的提高，这部分损耗通常都不计入消耗定额之内。为了补充这部分材料的损耗，应当在消耗定额的基础上，按一定比例计入到材料供应定额之内。其计算公式如下：

单位产品原材料工艺消耗定额=单位产品净重的材料消耗+各种工艺性消耗的总和

材料供应定额是企业计算原材料的总需要量，向厂外有关部门进行采购的依据。其计算公式如下：

单位产品材料供应定额=工艺消耗定额×（1+材料供应系数）

式中的材料供应系数，是考虑到原材料管理的实际水平以及一部分非工艺性损耗难以避免，为了补充这部分原材料的消耗，在计算消耗定额的基础上，按一定的比例加入一部分损耗量，该比例系数即为材料供应系数。

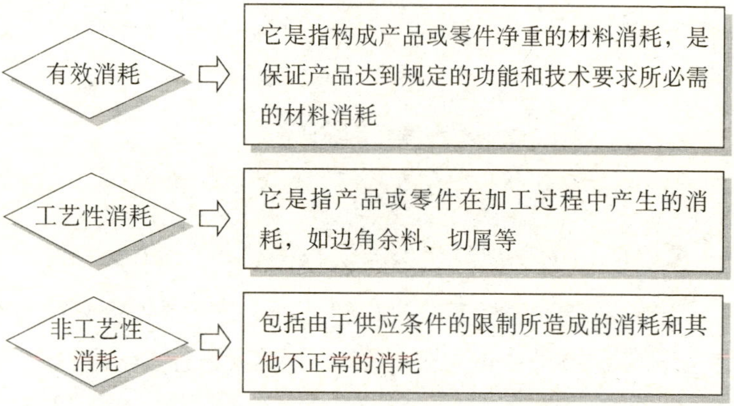

图4-3　主要原材料消耗定额构成

要点04：辅助材料消耗定额

辅助材料品种多，应用范围广，一般采用间接方法确定其消耗定额，即根据辅助材料的消耗量及相应的计量单位数来确定每个计量单位的消耗量。具体的计算方法如图4-4所示。

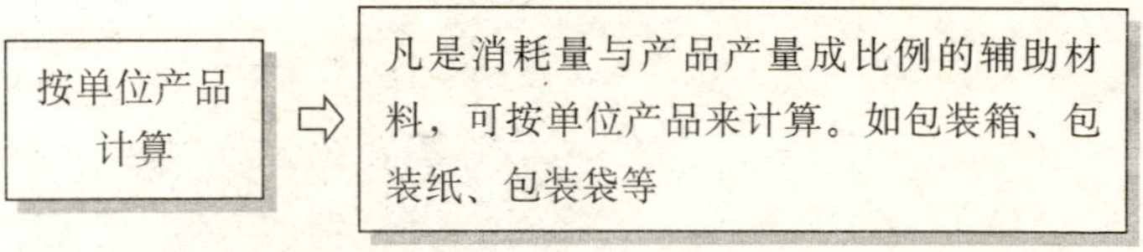

按产品面积或重量计算 ⇨ 这种方法适用于电镀、油漆、热处理等工艺过程用辅助材料

按设备开动台时计算 ⇨ 这种方法适用于润滑油、磨料、冷却液等

按原材料消耗定额计算 ⇨ 这种方法适用于那些与原材料消耗成比例的辅助材料，如型砂、填料、熔剂等

按产品的产值计算 ⇨ 凡是难以找出与上述参数有直接联系的辅助材料，均可按产品的产值计算

图4-4　辅助材料消耗定额的计算

要点05：燃料消耗定额

燃料消耗定额可根据燃料的使用情况进行制定。具体如图4-5所示。

工艺用燃料消耗定额 ⇨ 一般是按产品（或零件和毛坯）重量来计算燃料消耗定额，如以生产1吨产品或1吨合格铸件等所需燃料为标准来制定

动力用燃料消耗定额 ⇨ 一般是以发1千瓦时电、生产1立方米压缩空气或生产1吨蒸气所需燃料为标准来制定。由于燃料的种类和质量的差异，它们的发热量各有不同，因此，为了对定额进行统计，燃料消耗定额均以标准燃料来计算（每千克标准燃料的发热量为7000焦）

图4-5　燃料消耗定额的制定

要点06：材料消耗定额验证依据

验证材料消耗定额需要遵守一定的依据，具体如图4-6所示。

- 依据一 ⇨ 具有产品总重量和制品净重的单位产品零件明细表、完整的产品零件设计图样及有关技术资料
- 依据二 ⇨ 完整的机加工、锻造、铸造、焊接等有关工艺规程
- 依据三 ⇨ 加工余量标准、下料公差标准等技术标准
- 依据四 ⇨ 单位产品材料消耗工艺定额明细表
- 依据五 ⇨ 单位产品材料消耗工艺定额汇总表
- 依据六 ⇨ 国家、部或企业的材料标准

图4-6　材料消耗定额验证依据

要点07：材料消耗定额验证内容

材料消耗定额验证内容如图4-7所示。

- 内容一 ⇨ 在毛坯制造车间验证、型材、铸造用材、锻件材料等的正确性
- 内容二 ⇨ 核算零件净重。零件净重指按图样要求加工完成后的零件净重

内容三 ⇨ 核算各种工艺性损耗数量之和。工艺性损耗指本企业不能利用的料头、料边、锯口、切口、切屑、锻造的烧损和切割损耗、铸造的不可回收损耗等

内容四 ⇨ 材料利用率、铸件成品率及其他经济技术指标

内容五 ⇨ 在毛坯使用车间验证其合理性和适用性（可与工艺规程验证同时进行）

图4-7　材料消耗定额验证内容

要点08：编制必要的材料定额文件

各项材料消耗定额制定以后，应当加以整理、汇总成册，作为进行定额管理的依据。例如，在机械制造企业中，一般有以下三种基本的定额文件。如图4-8所示。

零件材料消耗定额明细表 ⇨ 以零件为主体，分车间记录每种零件的材料性质、规格及消耗定额。可以作为集中下料和仓库发料的依据

材料使用卡片 ⇨ 以每种具体品种规格的材料为主体，分车间汇总各种零件所需同一种材料的消耗定额。可以作为编制订货采购计划的依据

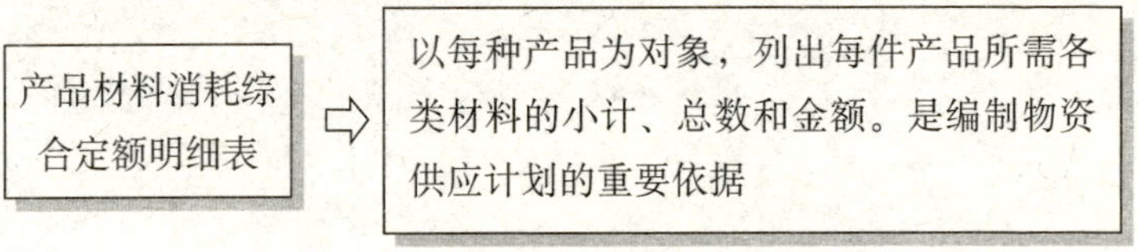

图4-8　编制必要的材料定额文件

要点09：制定材料消耗定额责任制度

企业应制定相关责任制度，使每一项材料消耗定额的制定、修改、监督、检查等都要有相关部门和人员来负责。制度内容如图4-9所示。

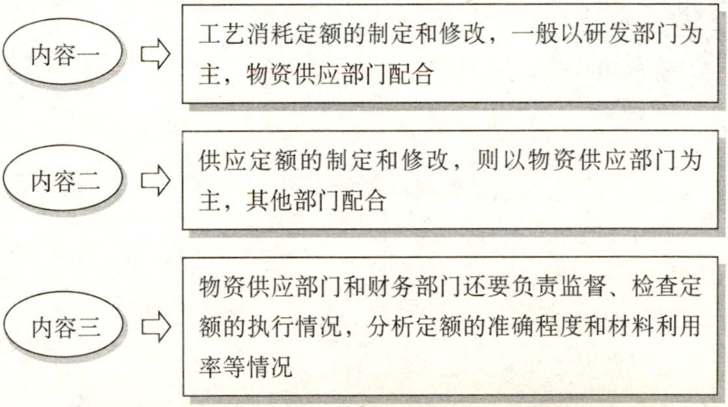

图4-9　制定材料消耗定额责任制度的内容

要点10：材料消耗定额日常管理

研发部门必须与企业其他部门相互配合，做好材料消耗定额的日常管理工作，具体内容如图4-10所示。

严格执行定额供料制度	⇨ 企业应制定定额供料制度，对材料的领取与使用要严格管理，如明确材料领用必须使用领料单
建立材料消耗的记录和统计工作	⇨ 从领取材料开始，一直到材料被消耗掉为止的各个环节，都应有准确、可靠的原始记录
及时地修订材料消耗定额	⇨ 企业应随着技术组织条件的变化，或者产品的设计和原料配方的改变，对定额作相应的修改，使之经常保持先进合理的水平

图4-10　材料消耗定额日常管理

看板展示

看板01：材料管理卡

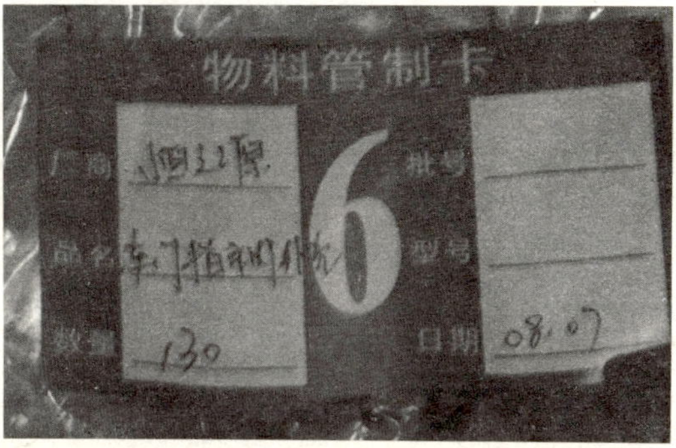

为每种材料设置一张管理卡，方便对其进行管理。

问题解答

问题01：如何运用技术分析法

技术分析法的运用步骤具体如下：

（1）对于机械加工型企业，通常由设计人员按产品零件的形状、尺寸和材质计算出零件的净重。

（2）由定额员按工艺文件确定工艺损耗部分，得出工艺定额。

（3）为了保证定额的先进性，采用此法之前，必须对产品图纸、工艺文件和生产条件进行深入的分析，找出目前生产中存在的材料消耗不合理的问题和原因，再吸取先进技术的经验和方法，结合本企业的条件和实际，制定出既先进又切实可行的材料消耗定额。

（4）该方法虽然科学、准确、可靠，但是计算的工作量较大，而且要求具备完整的技术文件和资料。

问题02：如何制定动力消耗定额

动力消耗定额的制定要领具体如下：

（1）动力消耗定额通常是按其不同用途分别制定的。如用于电动机的电力，一般是先按实际开动马力计算电力消耗量，再按加工每种产品所占用的台时数，分摊到单位产品。

（2）用于工艺过程的电力，如电炉炼钢，就直接按单位产品来制定。

问题03：常见材料消耗定额验证类别有哪些

常见材料消耗定额验证类别具体如下：

（1）型材消耗工艺定额的验证。

（2）铸造用材料消耗工艺定额的验证。

（3）锻件材料消耗工艺定额的验证。

（4）板材消耗工艺定额的验证。

（5）焊接材料消耗定额的验证。

第二节 工时定额管理

要点分析

要点01：定额时间

工时定额是指员工生产单位合格产品所需的时间。因为它是用时间表示的工时定额，所以也可称为时间定额。定额时间是定额工时的主要部分，具体内容如图4-11所示。

作业时间	作业时间是指实现工作任务所消耗的时间，它是定额时间中最主要的组成部分
照管工作地时间	它是指用于布置工作场所，保证工作场所处于良好状态，以及对工作场所进行供应和照管所消耗的时间
休息和生理需要时间	休息时间是指员工消除疲劳所需要的时间；生理需要时间是指员工上厕所、喝水、擦汗、洗手等所需要的时间

典型定额标准 ⇨ 这是用类推比较的方法来制定工时定额的计算依据。采用类推比较法制定定额，要先制定典型工序的时间定额，然后再类推出其他相似工序的时间定额

图4-14　工时定额标准资料

要点05：工时定额方法

工时定额方法主要包括经验估工法、统计分析法和技术测定法，具体内容如图4-15所示。

经验估工法 ⇨ 由定额人员、技术人员和老员工组成估工小组，根据产品设计图纸、工艺规程、工艺装备条件和设备状况以及生产组织形式，凭实践经验来估计工时定额

统计分析法 ⇨ 它是根据过去同类型产品（或零件、工序）的实际工时消耗的统计资料，结合分析当前生产条件的变化情况，来制定定额的方法

技术测定法 ⇨ 它是在分析研究生产技术组织条件和挖掘生产潜力的基础上，对组成定额的各部分时间，通过实际观测或分析计算来制定定额的方法

图4-15　工时定额方法

要点06：工时定额验证的内容

工时定额制定后，还要进行定额验证，具体的内容如图4-16所示。

是否先进	即是否符合最先进的生产工艺要求
是否合理	即是否从实际出发制定定额
是否准确	即是否充分分析各种影响工时的因素
是否实用	是否能使多数操作者在正常生产技术组织条件下，按要求的工作速度进行工作

图4-16　工时定额验证的内容

要点07：工时定额验证的依据

工时定额的验证需要一些依据，具体如图4-17所示。

依据一	产品图样与工艺规程
依据二	单位产品工时定额明细表及单位产品工时定额汇总表
依据三	设备类型、精度、使用和操作方法等
依据四	工艺装备的特点、效能

依据五 ⇨ 操作工人技术水平

依据六 ⇨ 有关材料和毛坯情况，如材质、规格、下料方式、供料方式等

依据七 ⇨ 国家、部、省、局或企业的有关工时定额标准

图4-17　工时定额验证的依据

要点08：工时定额的执行

工时定额制定后，必须认真贯彻执行，执行要点如图4-18所示。

要点一 ⇨ 及时将工时定额下达到班组和个人，以尽早安排生产

要点二 ⇨ 加强执行情况的统计、检查和分析工作。统计工作主要有产品实耗工时的统计、员工完成定额情况的统计等。根据这些统计资料以及现场检查所掌握的情况，通过分析就可以了解定额的贯彻执行情况

要点三 ⇨ 建立、健全工时定额的管理机构，配备必要的定额工作人员。各车间应配有专职或兼职的定额员，班组也要有员工兼管定额工作，并明确他们的职责分工，加强定额的管理工作

图4-18　工时定额的执行要点

要点09：工时定额的修改

工时定额的修改如图4-19所示。

定期全面修改 ⇨ 是指在正常生产发展条件下，依据预先规定的期限，对全部产品和工作的定额进行比较全面的审查和修改。生产比较稳定，而且是用技术测定法制定的定额，比较准确，修改期可为一年；而生产不稳定且多用经验估工法来制定的定额，不够准确，修改期可为半年

不定期临时修改 ⇨ 是指由于某些生产的客观条件发生重大变化，而对某些产品或工作的定额所作的临时性修改。比如，产品设计、工艺变更、原材料与毛坯变更、设备和工艺装备变更、生产组织和劳动组织变更、新产品从试制转入正式投产的变更等，都要对定额作临时性修改

图4-19　工时定额的修改

要点10：计算机工时定额管理系统的特点

计算机工时定额管理系统作为一种工具，其最终目标是制定科学、准确的工时定额，现实目标是制定平衡、不因人而异的工时定额，有利于积累和完善企业的定额标准。计算机工时定额管理系统的特点如图4-20所示。

特点一 ⇨ 定额制定速度快，及时满足生产的需要

特点二 ⇨ 定额制定先进合理，同时保证工种间的定额平衡

特点三 ⇨ 凡是需要和可能制定定额的工作和项目，均应进行定额

特点四 ⇨ 该系统具有很强的适应性，定额标准的录入及修订应简单和快捷

图4-20　计算机工时定额管理系统的特点

要点11：系统调研与规划

要建立好工时管理系统，企业首先要与系统供应商进行沟通，做好调研与规划工作，具体步骤如图4-21所示。

步骤一 ⇨ 定额管理思想的交流，系统功能的演示

步骤二 ⇨ 企业需求分析，向企业提交应用和实施方案

步骤三 ⇨ 与企业确定信息集成和其他企业要定制开发的内容

图4-21　系统调研与规划步骤

要点12：系统构建

做好了系统的调研与规划，系统供应商就可以为企业构建系统，具体流程如图4-22所示。

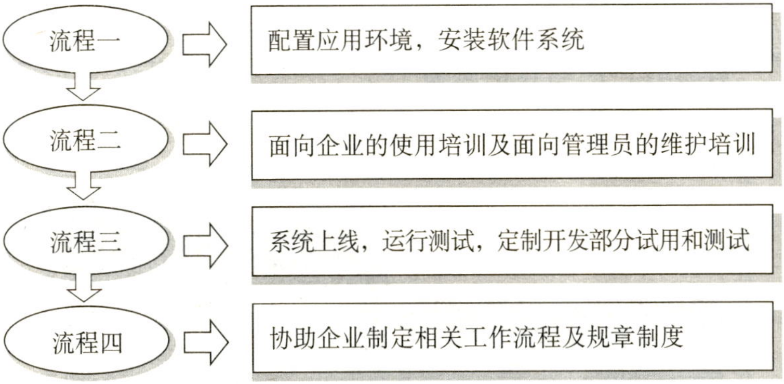

图4-22　系统构建流程

要点13：系统运行维护

企业应与系统供应商做好沟通工作，请其协助企业维护系统正常运行。具体如图4-23所示。

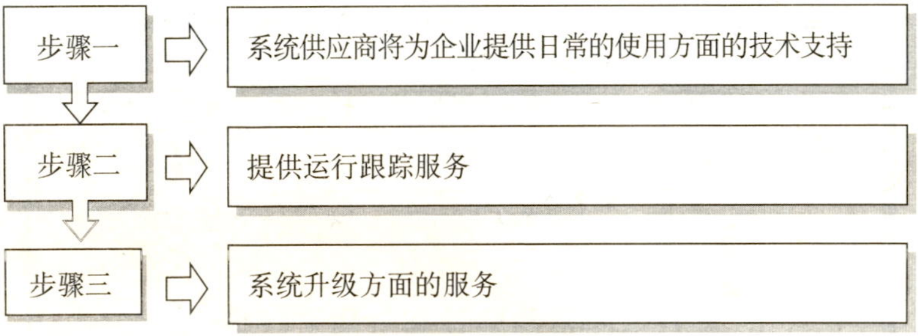

图4-23　系统运行维护

第五章

工艺装备管理

工艺装备是生产过程中必不可少的器具，只有做好了工艺装备的管理工作，才能保证生产活动的顺利进行。

第一节 工艺装备选择与设计

要点分析

要点01：工艺装备的类别

工艺装备简称“工装”，是指为实现工艺规程所需的各种刃具、夹具、量具、模具、辅具、工位器具等的总称。要做好工艺装备管理，首先要了解其类别，具体如图5-1所示。

按工作性质分 ⇨ 工艺装备按工作性质划分，可分为刃具、夹具、模具、辅具（机床辅具）、计量器具、钳工工具、热加工工具和工位器具等

按应用范围分 ⇨ 工艺装备按应用范围划分，可分为标准工艺装备、通用工艺装备（又可分为可调工艺装备、成组工艺装备和组合工艺装备）和专用工艺装备

图5-1　工艺装备的类别

要点02：工艺装备的选择依据

工艺装备的选择需要遵循必要的依据，具体如图5-2所示。

依据一 ⇨ 产品的设计性质、寿命周期、生产纲领、生产类型及工装制造能力等工艺方案中对工艺装备选择所提出的意见或建议

依据二 ⇨ 根据工艺规程不同，可选择相应的工艺装备。如采用通用的典型工艺规程或成组工艺规程，一般都用可调工艺装备或成组工艺装备

依据三 ⇨ 根据产品结构特点、加工质量、生产率，对工艺装备提出的基本要求

依据四 ⇨ 标准工艺装备的应用程度、现有设备负荷的均衡情况

依据五 ⇨ 工艺装备订购手册、目录、图册、使用说明书以及技术经济评价指标

依据六 ⇨ 安全与环保技术要求、典型工艺装备结构、工艺装备标准及专用工艺装备明细表及图册

图5-2 工艺装备的选择依据

要点03：工艺装备的选择要点

工艺装备的选择必须掌握其要点，具体如图5-3所示。

要点一 ⇨ 在保证产品质量和满足工艺要求的前提下，尽量采用先进高效的工艺装备，如新元件、新结构等

要点二 ⇨ 采用优先数，保证继承性，遵守工艺装备的通用化、典型化、组合化和标准化原则

要点三 ⇨ 缩短工艺装备投资回收期，符合规定指标。例如提高工艺装备的加工效率和寿命以及尽量减少专用工艺装备投资回收期

要点四 ⇨ 保证快速高效、安全方便

图5-3　工艺装备的选择要点

要点04：工艺装备的设计依据

许多企业需要自行设计工艺装备，以满足日常生产的需要。工艺装备的设计依据如图5-4所示。

依据一 ⇨ 与工艺装备设计有关的国家标准、专业标准和企业标准

依据二 ⇨ 工艺装备设计任务书与工艺规程

依据三 ⇨ 产品图样和技术条件等

依据四 ⇨ 国内外典型工艺装备图册、设计指导资料和专利等

依据五 ⇨ 企业设备实物、手册、说明书以及使用维护状况

依据六 ⇨ 企业的生产技术条件，包括制造工艺装备能力，有无使用气压、液压传动的可能等

图5-4　工艺装备的设计依据

要点05：制订工艺装备设计方案

工艺装备设计方案的制订包括装备总体布局等一系列步骤，具体如图5-5所示。

步骤一 ⇨ 进行装备总体布局

步骤二 ⇨ 绘制工艺装备结构示意图

步骤三 ⇨ 选择（或设计）主要元件（或机构）

步骤四 ⇨ 进行必要的刚度、强度、精度及受力的分析计算

步骤五 ⇨ 对工艺装备总重量、轮廓尺寸以及设备规格进行校核

步骤六 ⇨ 对不同方案进行初步分析、讨论、评价，从中选出最佳方案

图5-5 制订工艺装备设计方案具体步骤

要点06：绘制工艺装备装配图

研发部设计人员根据工艺装备设计方案绘制出工艺装备装配图，具体内容如图5-6所示。

内容一 ⇨ 绘出工艺装备的外形、定位、夹紧和加工部位以及夹具的具体结构

内容二 ⇨ 标注夹具各部分的主要尺寸、公差配合、技术要求和运动位置

内容三 ⇨ 绘制出零件图，填写标题栏和零件明细表

图5-6 绘制工艺装备装配图

要点07：审核批准

审核人员对工艺装备的设计方案和图纸进行审核，审核内容如图5-7所示。

内容一 ⇨ 审查所设计的工艺装备是否符合设备原则和达到预定功能

内容二 ⇨ 审查工艺装备图样是否符合《机械制图》（GB4457～4460-84）和《专用工艺装备设计文件格式》（JB/Z187.5-82）的规定，是否达到正确、统一、完整、清晰以及结构工艺性的要求

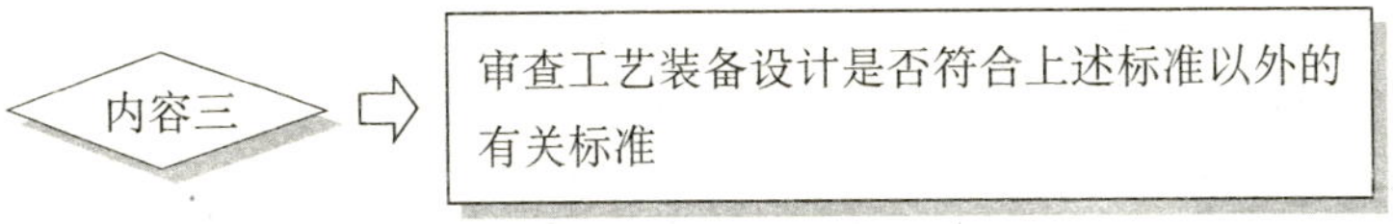

图5-7　审核批准内容

要点08：工艺装备修改

审核中如发现问题，需要对设计方案进行修改，设计人员应填写"工艺文件修改通知单"，经有关领导批准后，交蓝图发放部门进行更改，并修改底图。修改时应掌握以下要点，如图5-8所示。

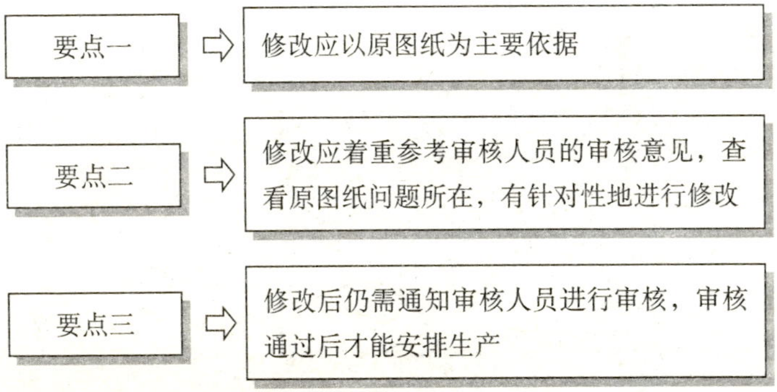

图5-8　工艺装备修改要点

看板展示

看板01：工艺装备的设计程序

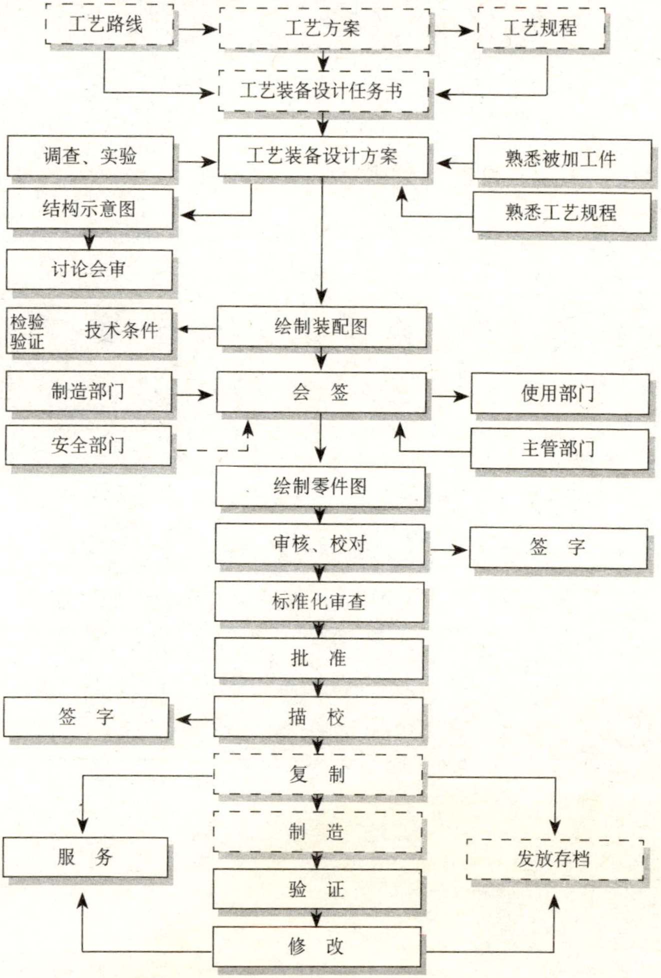

注：①虚线框图表示不属工艺装备设计工作。 ②虚线箭头表示可酌情选用。
③会签也可酌情安排在标准化审查后进行。

工艺装备的设计需按照一定的程序进行，否则容易脱离程序。

看板02：工艺文件修改通知单

工艺文件修改通知单

产品名称：________ 型号：________

零（部）件名称：________ 零（部）件图号：________

文件名称：________ 文件编号：________

修改标记及处数：________ 修改日期：________

修改原因说明：________________

____

发往部门：________________

同时修改资料：________________

会签：________ 审核：________ 批准：________

问题解答

问题01：工艺装备的采购有哪些注意事项

工艺装备采购的注意事项具体如下：

（1）标准装工艺装备，一般外购，有的作为随机附件，不必自行设计制造。

（2）通用工艺装备有的订购或租赁，有的部分自制、部分订购或全部自行设计制造。

（3）专用工艺装备，基本上全部是自行设计制造。

问题02：工艺装备的选择有哪些注意事项

工艺装备选择的注意事项具体如下：

（1）大批量生产。可允许较多采用专用工艺装备。

（2）独件小批生产。尽量采用标准工艺装备（优选适合本企业的标准工艺装备种类与规格，简化订货与管理）和组合工艺装备。

（3）样品试制阶段。只采用必不可少的专用工艺装备。

（4）小批试制阶段。重点采用保证加工质量的专用工艺装备，当纳入正式生产前再配齐必需的专用工艺装备。

问题03：工艺装备的设计有哪些注意事项

工艺装备设计需要注意的事项具体如下：

（1）除需遵守工艺装备选择的各项原则外，所设计的工艺装备还需有良好的结构工艺性，以利制造、检验、装配、调整和维修等。

（2）工装设计要深入现场。对重大、关键工装确定设计方案时，应广泛征求意见，并经会审批准后方可进行。

第二节 工艺装备验证

要点分析

要点01：工艺装备验证的目的

工艺装备在投入使用前，应对其结构可靠性、精度、操作性能、成本、安全性等方面进行验证。验证的目的如图5-9所示。

目的一 ⇨ 保证产品零部件质量符合设计、工艺要求

目的二 ⇨ 保证工艺装备满足工艺要求

目的三 ⇨ 验证工艺装备的可靠性、合理性和安全性以保证产品生产的顺利进行

图5-9　工艺装备验证的目的

要点02：工艺装备验证的依据

工艺装备的验证需要一定的依据，具体如图5-10所示。

依据一 ⇨ 产品零部件设计图样及技术要求

依据二 ⇨ 工艺规程

依据三 ⇨ 各类工艺装备的标准

依据四 ⇨ 工艺装备设计任务书

依据五 ⇨ 工艺装备图纸和工艺装备使用说明书

依据六 ⇨ 工艺装备明细表

图5-10　工艺装备验证的依据

要点03：验证工艺装备与工件的关系

工艺装备与工件的关系是工艺装备验证的重要内容，具体验证要点如图5-11所示。

要点一 ⇨ 工艺装备上定位件的位置是否与被加工、被检验零部件位置要求相符

要点二 ⇨ 工艺装备与被加工或被检验零部件配合精度是否影响零部件质量

要点三 ⇨ 工艺装备与被测产品零件的定位精度等要求是否匹配

要点四 ⇨ 刀具、量具是否满足零件加工或检验的精度以及粗糙度的要求

要点五 ⇨ 工艺装备的夹紧方法、夹紧力使工艺装备或工件夹紧后产生的变形，是否对零件质量产生影响

要点六 ⇨ 工艺装备对被加工或被检验零部件质量的其他影响因素

图5-11　验证工艺装备与工件关系的要点

要点04：验证工艺装备与工艺的关系

工艺装备与工艺的关系是工艺装备验证的重要内容，具体验证要点如图5-12所示。

要点一 ⇨ 定位基准及工艺尺寸是否与工艺要求相符

要点二 ⇨ 测量基准及测量尺寸是否与工艺要求相符

要点三 ⇨ 夹紧部位、夹紧方法是否满足工艺要求

要点四 ⇨ 在使用工艺装备时加工程序、加工部位、加工尺寸、加工余量等是否达到工艺要求

要点五 ⇨ 在加工余量、切削用量符合工艺要求的前提下，验证工艺装备的刚度

要点六 ⇨ 多种零件共用以及多工序共用的工艺装备，是否满足工艺预先提出的要求

图5-12　验证工艺装备与工艺关系的要点

要点05：验证工艺装备与产品产量的关系

工艺装备与产品产量的关系是工艺装备验证的重要内容，具体验证要点如图5-13所示。

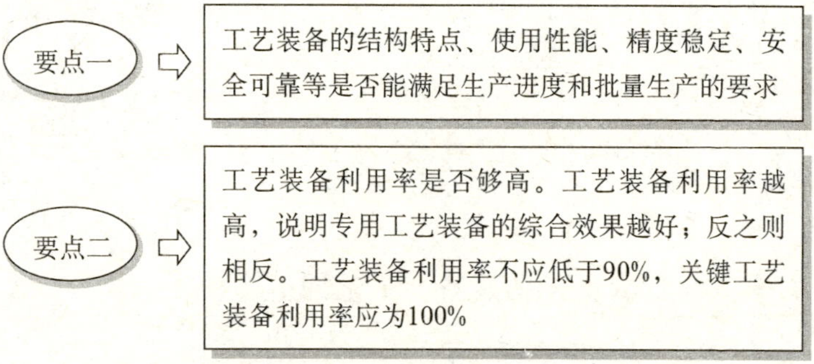

图5-13 验证工艺装备与产品产量关系的要点

要点06：固定场地验证和现场验证

固定场地验证是指按图纸和工艺要求事先准备产品零件，然后在固定的设备上进行模拟验证，一般适用于各种模具的验证。

现场验证是指工艺装备在使用现场进行试验加工。现场验证必须在使用工艺装备的车间进行，同时又可分两种情况。具体如图5-14所示。

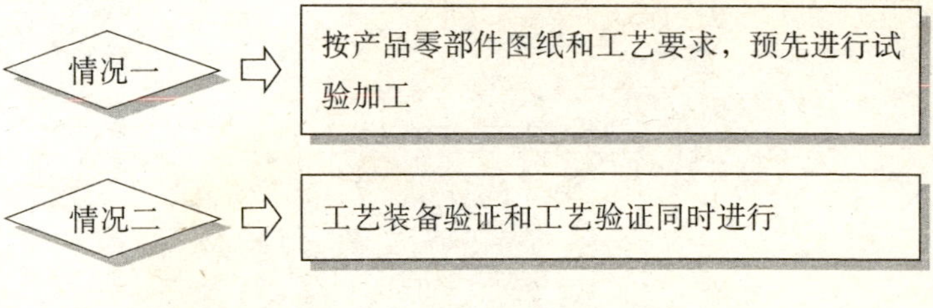

图5-14 固定场地验证和现场验证情况

要点07：重点验证、一般验证和简单验证

验证的基本方法包括重点验证、一般验证和简单验证，具体内容如图5-15所示。

重点验证 ⇨ 主要针对大型、复杂、精密、关键的工艺装备。重点验证的工艺装备须在论证合格后，才可纳入工艺规程和有关的工艺文件

一般验证 ⇨ 主要针对复杂程度一般的工艺装备。如锻工用简单的落料冲孔模、铸造扣箱用锁紧夹具等。一般验证的工艺装备可在工艺装备验证之前纳入工艺规程和有关工艺文件

简单验证 ⇨ 主要针对简单的工艺装备。例如测量样板、刀杆、小件砂箱等。在工装设计和制造经验与技术零件均能保证工艺技术要求的条件下，可不用产品零部件作为实物而进行简单验证，而采用会审方法或生产中首件检验方法等

图5-15　重点验证、一般验证和简单验证的内容

要点08：制订验证计划

工艺装备制造完后，由工具车间通知使用车间领出，由使用车间制订验证计划，并通知有关部门。制订验证计划的依据如图5-16所示。

依据一 ⇨ 工艺方案、工艺规程中有关工艺装备验证的要求

依据二 ⇨ 工艺装备制造情况

图5-16　制订验证计划的依据

要点09：验证准备工作

验证前各有关部门应按验证实施计划做好以下各项准备工作。具体如图5-17所示。

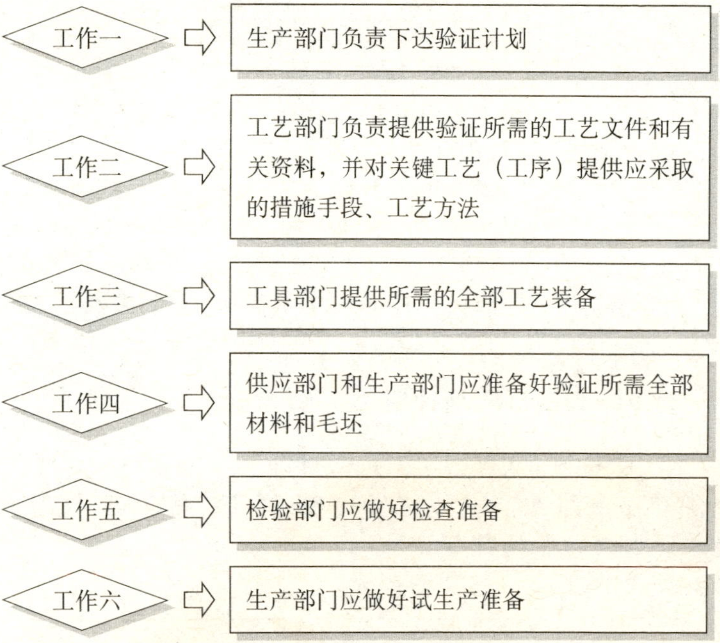

图5-17　验证准备工作

要点10：验证过程控制

验证人员必须做好验证过程的控制工作，具体内容如图5－18所示。

内容一 ⇨ 验证过程中，有关工艺和工装设计人员必须到生产现场进行跟踪，发现问题及时解决，并要详细记录问题发生的原因和解决措施，作为修改工艺的主要依据

内容二 ⇨ 验证时，必须严格按工艺文件要求进行试生产

内容三 ⇨ 在工艺装备验证过程中，操作人员应严格按照工艺规程所规定的加工程序、加工部位、加工余量等进行操作

内容四 ⇨ 验证人员按照工艺装备的验证内容逐项进行验证，工艺装备设计人员要详细记录验证情况

内容五 ⇨ 验证过程中，验证组要认真听取生产操作人员的合理化意见，对有利于改进工艺装备的建议要积极采纳

图5－18　验证过程控制的内容

要点11：验证判断

验证判断的内容如图5－19所示。

内容一 ⇨ 被验证的工艺装备在工艺工序中一般使用1～3次，以判断其可靠性、安全性、方便性等

内容二	工艺装备一般验证1～5件，判断其合格率
内容三	必须依照企业相关标准进行判断，而不能凭主观意愿进行判断

图5-19　验证判断的内容

要点12：验证的处理工作

验证工作结束后，需进行相应的处理工作，具体内容如图5-20所示。

验证合格	验证合格后，由验证组填写"工艺装备验证书"，经参加验证人员会签后，方可转交生产使用。工艺装备图样须加盖"验证合格"标记，纳入正常管理
验证不合格	验证若不合格，也应由验证组填写"工艺装备验证书"，经参加验证人员会签后返修，并应注明"返修后验证"或"返修后不验证"字样

图5-20　验证处理工作的内容

要点13：工艺装备修改设计与返修

工艺装备在验证过程中，遇下列情况之一者，应立即进行修改设计与返修。具体内容如图5-21所示。

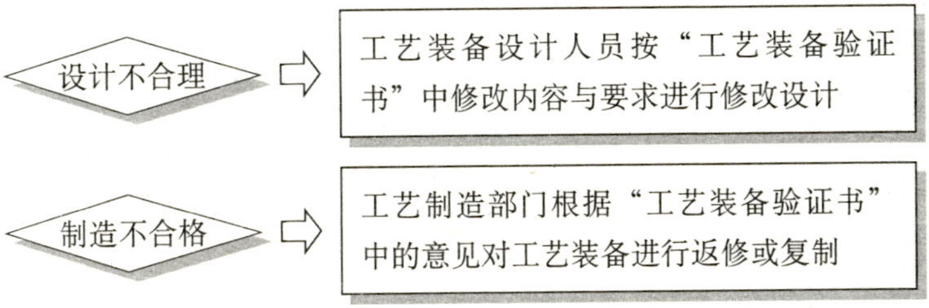

图5-21　工艺装备修改设计与返修情况

看板展示

看板01：工艺装备验证书

工艺装备验证书

产品名称：________________ 型号：________________

零（部）件名称：____________ 零（部）件图号：__________

工装编号：________________ 工装名称：______________

使用部门：________________ 使用设备：______________

工序号：__________________ 工序名称：______________

验证记录：____

____

修改意见：____

____

结论：____

设计员：______ 工艺员：______ 施工员：______ 检验员：______

看板02：工艺装备验证流程

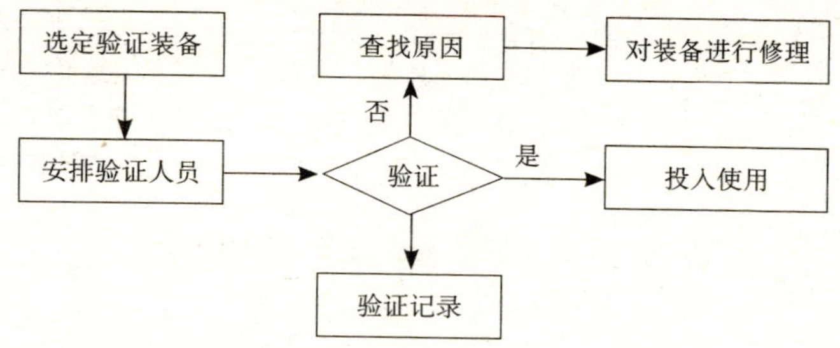

工艺装备的验证需按照一定的流程进行。

问题解答

问题01：工艺装备在什么情况下需进行验证

工艺装备出现以下情况之一，均需进行验证。

（1）首次设计制造的工艺装备和工位器具。

（2）设计结构经过重大修改的工艺装备。

（3）复制的大型、复杂、精密的工艺装备。

问题02：工艺装备的验证结论有哪些内容

工艺装备的验证结论内容具体如下：

（1）产品型号名称。

（2）验证前工艺、工装准备工作情况，验证中关键工艺（工序）、工装应采取的措施手法及工艺方法。

（3）试生产的数量及时间。

（4）工艺、工装验证情况分析，包括与国内外同类产品工艺水平对比分析及经济效益等。

（5）对今后批量生产的意见和建议。

（6）验证鉴定结论、意见。

第三节 工艺装备日常管理

要点分析

要点01：工艺装备入库管理

研发部门人员必须做好工艺装备的入库管理工作，入库管理要点如图5-22所示。

要点一	自制（外协）工艺装备经验证合格后，由检验部门出具合格证，工艺装备制造部门填写“入库单”，才能入库
要点二	外购工艺装备在入库前必须经专职检验人员检查，合格后才能入库。计量器具应送交计量室检定，合格后才能入库
要点三	仓管人员接到入库单后，经检查手续齐全，工艺装备编号与工艺装备明细相符、附件齐全，在入库单上签字收管

要点四 ⇨ 入库时，仓管人员应填写“工艺装备履历卡”，同时记入台账。工艺装备入库时，整套工艺装备图样须一起入库

图5-22　工艺装备入库管理要点

要点02：建立、健全工艺装备领用制度

对员工使用工艺装备应制定领用制度，定期归还，以免长期流转在生产中，使其质量受损。具体内容如图5-23所示。

内容一 ⇨ 生产现场应有工艺装备使用保管卡片，记录操作人员领用工艺装备的型号、数量、名称、规格、日期，并根据工艺文件的规定予以领用

内容二 ⇨ 对于共同工艺装备也应建卡管理，个人使用时须办理借用手续，进行登记，用后及时归还

图5-23　建立、健全工艺装备领用制度的内容

要点03：工艺装备的保管

工艺装备的保管工作非常重要，只有做好了保管工作，才能确保装备完好、无损。开展保管工作应掌握以下要点，具体如图5-24所示。

要点一 ⇨ 工艺装备应按产品分类，按架、层顺序排列，做到账、物、卡一致，排列整齐，清洁卫生

要点二	仓管人员对在库工艺装备应涂防锈油，避免因保管不善使工艺装备损坏或失去精度
要点三	工艺装备应放在固定场所，有精度要求的工艺装备就按规定进行支撑、垫靠
要点四	工艺装备箱要整齐、清洁，定位摆放，开箱知数，账物相符
要点五	无关物品，特别是私人用品不允许放在工艺装备箱内；使用完毕后的工艺装备应进行油封或粉封，防止生锈变形；长期不用的工艺装备应交班组统一保管

图5-24　工艺装备的保管要点

要点04：工艺装备在使用过程中的管理

工艺装备在使用过程中的管理是其日常管理的一个重要组成部分，具体管理要点如图5-25所示。

要点一	发动和依靠各车间员工参加工艺装备管理，提高各车间员工爱护工艺装备的主人翁责任感。认真管理好、用好工艺装备，不积压、不丢失工艺装备
要点二	加强对工艺装备使用的技术指导。在使用工艺装备的过程中，严格按工艺规程进行，防止工艺装备过度磨损和损坏，并推广先进经验，改进工艺装备使用方法

问题解答

问题01：如何管理工艺装备履历卡

工艺装备履历卡的管理要领具体如下：

（1）工艺装备履历卡是记录工艺装备从入库、使用、修理到报废全过程信息的工艺装备档案，应随工艺装备一起流动。

（2）由工艺装备管理部门负责编制并归口管理。

（3）凡需重点验证的专用工艺装备和工序质量控制点的工艺装备，均应建立“工艺装备履历卡”。

问题02：工艺装备的日常维护有哪些注意事项

工艺装备的日常维护注意事项具体如下：

（1）对工艺装备要经常进行维护，在使用过程中用钝了的工艺装备，要重新磨刃。

（2）为了保证工艺装备的质量，并使员工不致因为自己磨刃而降低设备利用率，应尽可能组织集中磨刃。

（3）工艺装备要“以旧换新”进行回收、修复、翻新后再使用。

问题03：如何做好工艺装备的清点和校验工作

做好工艺装备的清点和校验工作应注意以下事项：

（1）每天查对工艺装备箱一次，一周核对账物一次，以保持工艺装备账物相符。

（2）贵重和精密的工艺装备要特殊对待，切实做好使用保管、定期清洁、校验精度和轻拿轻放等事项。

（3）量具要做好周期检查鉴定工作，保持处于良好的技术状态。

第六章

工艺文档管理

研发部门的各类文档非常多，如各类制度、表格、文件等。研发部门应加强对这些文档的管理工作，确保各类文档完好无损。

签名日期	⇨	必须将"制作""审查""批准""日期"等栏位，一同考虑并加以设定
其他事项	⇨	有的表格要根据相关制度文件的修改方式，标明该表的版本。采用多栏式的表格，应注明显示每联所应分发的部门

图6-5　工艺表格的设计

要点06：工艺表格的填写

各种表格的填写必须规范化，具体的填写要点如图6-6所示。

要点一	⇨	不得使用铅笔书写，重要资料（如标注日期、数量、金额等）不可使用涂改液修改
要点二	⇨	字迹应清晰、可辨识
要点三	⇨	记录的填写应全面而完整
要点四	⇨	应保持清洁，不得有缺页或破损
要点五	⇨	如果填写错误，应画线注记，表示该笔资料注销，并在画线附近空白处签名以示负责
要点六	⇨	如果表格需要会签或审批，必须要有相关部门或人员的签字

图6-6　工艺表格的填写要点

要点07：制定表格管理责任制

要想使研发部门的表格得到有效管理，必须制定表格管理责任制，使各种表格从记录到检查核实、从保管到加工整理，都要有专人负责。制定表格管理责任制的要点如图6–7所示。

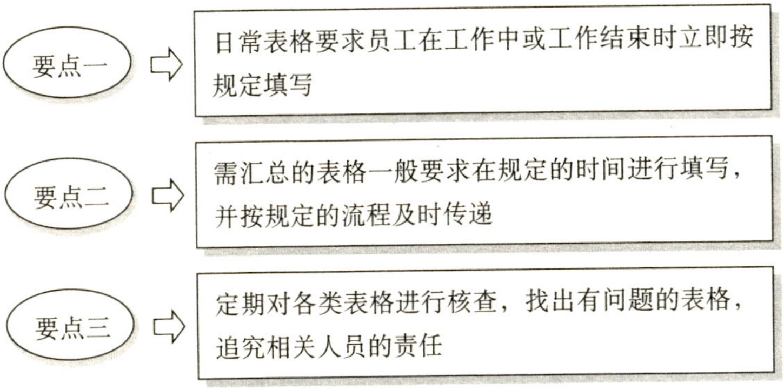

图6-7　制定表格管理责任制要点

要点08：工艺表格的检查、整理与分析

所有表格的记录内容都只是一种原始的数据资料，必须进行加工整理，才能成为系统的管理资料，才能发挥应有的作用。具体的整理活动如图6–8所示。

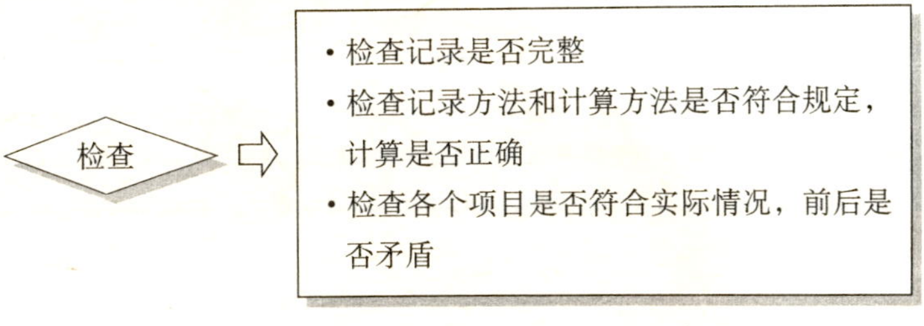

要点02：设计定型时必备的工艺文件

产品设计试制后，设计方案经过考验，证明能满足产品性能要求、各种技术指标及结构工艺性要求，就可以设计定型。这时应具备以下几种工艺文件。如图6-10所示。

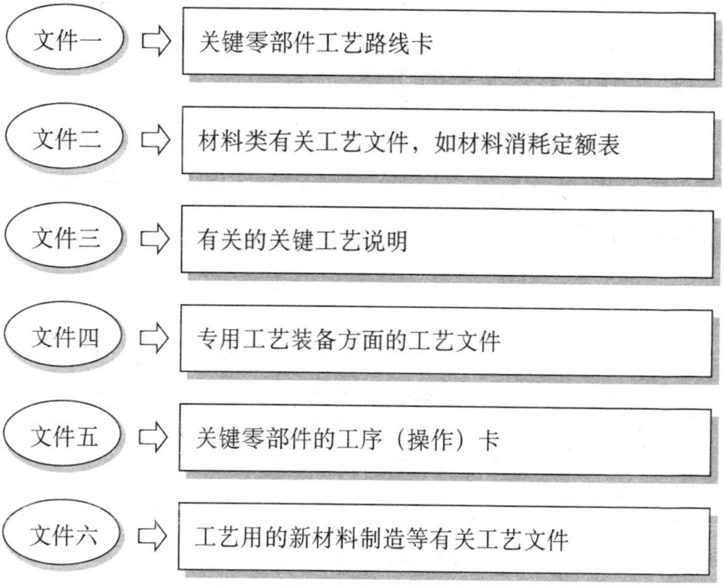

图6-10　设计定型时必备的工艺文件

要点03：产品生产定型时必备的工艺文件

产品定型后，该产品即转入批量生产，在这一阶段应具备以下各类工艺文件。如图6-11所示。

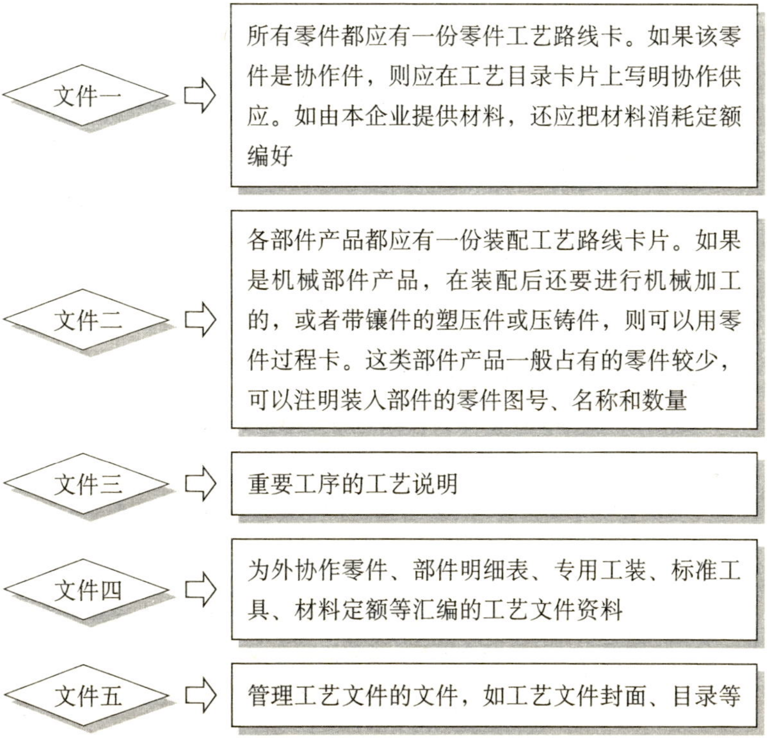

图6-11　产品生产定型时必备工艺文件

要点04：产品样机试制时必备的工艺文件

在产品进行样机试制阶段或对一次性生产的产品，工艺文件应尽量少，甚至没有正式的工艺文件。通常需具备下列一些工艺文件。如图6-12所示。

内容三 ⇨ 采用合理化建议或采用新工艺、新技术

内容四 ⇨ 由于产量加大，原工艺不适用

图6-15　工艺文件更改的适用情况

要点08：临时性更改与永久性更改

按更改的性质分类，工艺文件的更改分为临时性更改和永久性更改两类，其处理办法如图6-16所示。

临时性更改 ⇨ 临时性更改是由于生产技术条件或原材料、辅助材料发生临时变动而提出的，可由有关车间或部门填写工艺文件临时更改申请单，经专业工艺员审核后，负责予以处理

永久性更改 ⇨ 永久性更改是由于采用了新技术、新工艺、新材料、新设备，而使工艺发生了永久性的变化，因而工艺文件必须作相应的更改
在这种情况下，由有关专业工艺人员负责填写“工艺文件更改通知单”，并按规定程序审批。凡需要更改的工艺文件应由产品主管工艺人员会签，经批准后由产品主管工艺人员负责通知修改中所涉及的其他工艺文件的承办部门（或人员）

图6-16　临时性更改与永久性更改处理办法

要点09：新产品试制与生产定型大阶段更改

按工艺活动所处的阶段分类，可将工艺文件的更改分为新产品试制阶段和新产品生产定型阶段。具体如图6-17所示。

新产品试制阶段 ⇨ 在新产品试制阶段（包括设计性试制、生产性试制阶段）的工艺文件更改，通常可以不办理正式更改手续（因工艺文件还未交档案室登记、编号、保管），可由原拟制者在复印件（即蓝图）上直接更改，并在更改栏内签名，同时更改者应作记录，以便定型时正式修改正式文件

新产品生产定型阶段 ⇨ 新产品生产定型后，工艺文件成套移交给技术档案室登记、编号、保管，这时就成为正式的工艺文件。若作为正式的工艺文件后再要修改时，需要办理正式的更改手续

图6-17　新产品试制与生产定型大阶段更改

要点10：工艺文件的发放与归档

工艺文件会经常应用于生产作业过程中，因此研发部门必须做好文件的发放与归档管理工作，具体工作内容如图6-18所示。

发放 ⇨ 工艺文件的发放要做到为生产研发部门提供优良的服务，工艺文件的保管要成为企业技术档案的重要组成部分

归档 ⇨ 在产品生产定型之后，工艺部应做好工艺文件归档的准备工作。当工艺文件经审批，符合齐套性要求，并经生产考验证实其成熟性后，应成套归档至企业技术档案室统一保管。应将试制过程中的工艺文件（包括蓝图）全部收回档案室处理，不得将试制时用的工艺文件遗留在生产及研发部门，以免在正式批量生产时造成差错

图6-18　工艺文件的发放与归档

要点11：工艺文件的保管

文档室负责对企业的全部工艺文件按需要存放，做好保管工作，并根据工艺文件更改通知单进行及时的更改。未归档的工艺文件的保管和存放工作，由工艺部指定专人负责。具体内容如图6-19所示。

要点一 ⇨ 文档室对所保管的工艺文件应进行装订，其装订原则可根据各企业内部的生产技术状况，具体装订为若干分册，也可按工艺人员的分工划分成册装订

要点二 ⇨ 应以保管、检索、使用、节省等有利为原则，合理地划分为分册，加以装订

图6-19　工艺文件的保管要点

问题解答

问题01：工序卡的主要内容有哪些

工序卡的主要内容具体如下：

（1）操作顺序。

（2）质量标准。

（3）所选择的作业（工艺）参数。

（4）使用的设备、工装、夹具。

（5）必要的简图等。

问题02：工艺文件编制的要求有哪些

工艺文件编制的要求具体如下：

（1）工艺文件要求做到正确、完整、统一、清晰。

（2）在编制工艺文件时，要满足工艺设计的要求，确定合理的工艺过程。

（3）要满足生产技术准备工作的需要，给各技术准备工作业务部门为产品投人生产（或试制）准备提供依据。

（4）要适应和有利于做好原始记录和经济核算工作。

看板展示

看板01：工艺文件编制流程

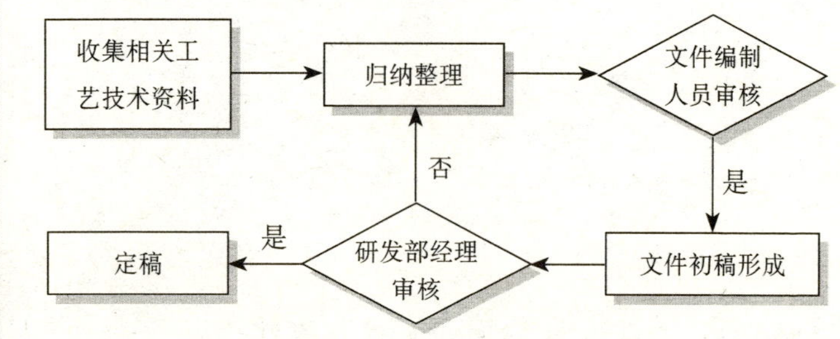

研发部门的工艺文件编制应按照一定的流程进行。

看板02：工艺文件借阅流程

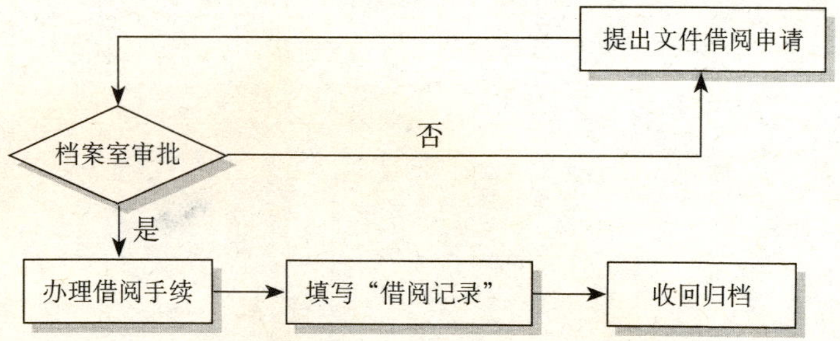

工艺文件的借阅需要按照既定的流程进行。